答えられないと
叱られる!?

チコちゃんに

もっと 素朴な ギモン

NHK「チコちゃんに叱られる!」制作班 監修

宝島社

はじめに

今こそすべての日本国民に問います。

　日常生活の中でふと「なぜ」「どうして」と思う心の余裕を、失ってはいませんか？

　ちょっとしたギモンも、インターネットで検索すれば簡単に答えが見つけられるようになった現代。それなのに、やれ「昔からそうだと決まっているものだから」とか「別に原因とか知らなくても困らないし」など、面倒くさがる人の、なんと多いことか。

　なにも考えないでのほほんと暮らしていると、チコちゃんに叱られますよ。

　この本では、過去に番組で取り上げた「チコちゃんの素朴なギモン」の中から、知っていると楽しい100本のギモンを掲載しています。ギモンが答えにいたるまでの簡単な解説もついているので、番組を見たけれど内容を忘れてしまった人や、番組を見逃してしまった人にも、好奇心を刺激する一冊になっています。

　毎日少しずつ読み進めていくうちに、きっと、何気ないギモンを楽しめる、知識や教養が豊富な大人になっていることでしょう。

　それではチコちゃんの「素朴なギモン」に挑戦してみましょう！

ねえねえ、
エレベーターの中で
上を見るのはなぜ？
（答えは65ページ）

チコちゃん

東京生まれ、
東京育ち(自称)の女の子。
年齢は永遠の5歳。
好きな食べ物はチャーハン、
粗挽きウインナー

登場人物紹介 ·····························

答えるの
ムーリー！

キョエちゃん

江戸川の黒い鳥。
好きなパンは残飯、
好きなドラマは『太陽にほえろ！』。
将来の夢はYouTuber

No.**005** ●今日のテーマ　イベント・スポーツ ❶
野球の監督

暮らし・文化
食べ物
言葉
人体
イベント・スポーツ
科学
自然・環境

❷ **野球の監督だけが ユニフォームを 着るのはなぜ？**

ギモン

❸ 野球の前身は「タウン・ボール」というスポーツで、そのルールは現在の野球とほぼ同じでした。1840年代のニューヨークでは、消防団員の結束力を強めるためにもプレーされていましたが、全米中に広まって競技人口が増加しました。

　ほかの町の知らないチームと対戦することになると、初めて会う者同士のため、チームの代表者が必要となります。そこで登場したのが、監督にあたる役割の人です。そのころは、選手の代表者が監督の役割を果たしていたため、試合が始まると選手と一緒にプレーしました。1850年代後半から、タウン・ボールが「ベースボール」と呼ばれるようになり、プロの野球チームが誕生すると、監督の業務が多くなって、選手と監督を兼任するのが難しくなりました。しかし、選手としてプレーしていたころの名残で、現在も監督はユニフォームを着ているのです。

　ちなみに、メジャーリーグの公式ルールブックには「監督はユニフォームを着なければならない」とは書かれていません。

答え ❹ **もともと選手が 監督をしていたから**

010

❶今日のテーマ

ページ内で取り上げているテーマ。テーマは食べ物や人体など、7つのジャンルに分けています。月曜日は「暮らし・文化」、火曜日は「食べ物」など、曜日ごとに読むジャンルを決めておけば、より習慣化しやすくなるはずです。

> 暮らし・文化：無意識に行う動作や習慣、日常的に使う道具などについてのギモン
>
> 食べ物：食材・料理についてのギモン
>
> 言葉：言葉の由来や意味についてのギモン
>
> 人体：人の体についてのギモン
>
> イベント・スポーツ：季節の大きな行事やイベント、スポーツに関するギモン
>
> 科学：機械の仕組みや科学現象が起こるメカニズムについてのギモン
>
> 自然・環境：動物や植物、自然現象や地理についてのギモン

**好きなジャンルから
読み進めてもいいかもね**

❷チコちゃんのギモン

番組で取り上げたチコちゃんのギモン

❸解説

チコちゃんのギモンに対する解説。答え以外にもためになる情報が掲載されているので、ぜひ全文読みましょう！

❹チコちゃんの答え

チコちゃんの答え。家族や友人に問題を出題して、この答えを言えばチコちゃんの気持ちを味わえること間違いなし!?

※本書の内容は、監修の先生からの情報を加え、再構成している場合があります。
※ギモンの答えには諸説あります。

●今日のテーマ　暮らし・文化
紅白幕

暮らし・文化

食べ物

言葉

人体

イベント・スポーツ

科学

自然・環境

紅白幕が おめでたいのは なぜ？

ギモン

　おめでたい時に使われている印象がある紅白幕は、もともと白黒幕から生まれたものです。

　白黒幕は、正式名を「鯨幕（くじらまく）」といいます。これはクジラの背と腹の見た目や、クジラ肉の皮が黒、脂肪が白であることが由来です。鯨幕は神の世界との境界線を表しており、もともと神様や皇室に関わる神聖な場で使われていました。そのため、昔の日本人にとって鯨幕とは「ここは神聖な場所」と気づかせるものだったのです。

　しかし、明治時代に文明開化の波が押し寄せると、そのイメージが大きく揺さぶられます。それまで、日本人の喪服は白が主流でしたが、西洋にならい、亡くなった人を黒い服を着て見送る文化が定着していったのです。この影響で、お葬式で鯨幕が使われるようになり、おめでたくないイメージが浸透してしまいました。そこで、鯨幕の代わりに、「室町時代に結婚式で配られた紅白まんじゅうの色から」「紅白同時に咲く梅はおめでたい花だから」「歌舞伎で使われる横向きの紅白の段幕から」などの理由から、紅白の幕が使われるようになったと考えられています。

答え
白黒幕がおめでたく なくなったから

ギモン

なぜ食卓用の ナイフは 先が丸い?

　ヨーロッパではルネサンス時代まで肉の塊を手で持ち、先端が鋭くとがった戦闘用のナイフで切って口に運ぶのが、一般的な食事の食べ方でした。

　しかし、16世紀にイタリアからフランスにフォークが伝わると、フランスに食卓用のナイフとフォークを使う文化が広まります。でも、まだナイフの先端は鋭利なまま。これを変えたのが、フランス国王ルイ13世に宰相として仕えたリシュリューだといわれています。

　当時は歯を磨く習慣がなく、ナイフの先をつまようじ代わりにして歯のすき間を掃除したそうですが、行儀がよい家庭で育ったリシュリューはそれが我慢できず、ナイフでの歯の掃除を禁止します。しかし効果がなかったため、食卓用ナイフの先を丸くしてしまったそうです。

　1610年5月13日に勅令によって先が丸いナイフの製造を義務づけた説や、1637年3月13日にリシュリューがナイフの先を丸くするようスタッフに命じた説など、複数の説が伝わっていますが、リシュリューの施策をきっかけに、フランス貴族の間で先が丸い食卓用ナイフが広まり、フランス革命で庶民に、さらには世界に広まったのです。

答え

歯のすき間を 掃除させないため

● 今日のテーマ　言葉
「は」

ギモン

「私は」は「は」と書くのになぜ「わ」という？

　奈良時代まで、日本語の発音は漢字をあてて表記し、は行の「はひふへほ」は漢字で「波比不部保」と書きました。しかしその発音は「ぱぴぷぺぽ」に近かったそうです。平安時代に漢字の一部を崩してひらがなが誕生すると、は行は「ふぁふぃふぅふぇふぉ」と発音が変化します。戦国時代の宣教師たちは、「日本」という言葉を耳で聞いたとおりに「NIFON（にふぉん）」と表記しました。そして鎌倉時代から江戸時代にかけて、言葉の頭に来る「ふぁ」を「は」と、助詞や語中・語尾に来る「ふぁ」を「わ」と発音するようになります。たとえば「箸（ふぁし）」から「はし」へ、「私ふぁ」から「私わ」に発音が変化したのです。この発音の変化は、エネルギーを減らして楽をするためだったと考えられています。

　なお、戦前まで川を「かは」、今日を「けふ」というように、発音どおりに文字を書きませんでしたが、1946（昭和21）年、発音どおりのひらがなで書く「現代かなづかい」のルールを政府が定めます。しかし「私は」の表記があまりに長い間使われており、今さら「私わ」に変えると混乱してしまうため、例外としてそのまま残すことになったのです。

答え

「私は」は昔「私ぱ」だったから

暮らし・文化

食べ物

言葉

人体

イベント・スポーツ

科学

自然・環境

ギモン

人はなぜ
拍手をする？

　相手を褒めたいと思った時、人は、音程の高い声で話しかけたり、肩を
たたいたり、頭をなでたりしたいと思うもの。

　しかし、コンサート会場やスポーツ観戦の場などでは、「応援したい！」
「すごい！」と友好的な気持ちを伝えたくても、遠くて手が届きません。
そこで代わりとなるのが拍手。自分の手と手を合わせることで、相手の体
に触れたという感覚を得たり、手をたたいて高い音程の音を出したりして、
友好的な気持ちを伝えようとするのです。

　ちなみに、高い音を出すということは、自分は体が小さく、か弱い存在
である（危害を加えない）と相手にアピールできて、友好的な印象を与え
ることができます。一方、低い音を出すということは自分の体の大きさや
強さを誇示することになります。このことは「赤ちゃんへの呼びかけ」や
「ドスの利いた声」を想像すると、前者が高い声、後者が低い声になるこ
とからもわかりやすいでしょう。

答え

体に触りたいけど
手が届かないから

No. 005

● 今日のテーマ　イベント・スポーツ

野球の監督

ギモン

野球の監督だけが ユニフォームを 着るのはなぜ？

暮らし・文化
食べ物
言葉
人体
イベント・スポーツ
科学
自然・環境

　野球の前身は「タウン・ボール」というスポーツで、そのルールは現在の野球とほぼ同じでした。1840年代のニューヨークでは、消防団員の結束力を強めるためにもプレーされていましたが、全米中に広まって競技人口が増加しました。

　ほかの町の知らないチームと対戦することになると、初めて会う者同士のため、チームの代表者が必要となります。そこで登場したのが、監督にあたる役割の人です。そのころは、選手の代表者が監督の役割を果たしていたため、試合が始まると選手と一緒にプレーしました。1850年代後半から、タウン・ボールが「ベースボール」と呼ばれるようになり、プロの野球チームが誕生すると、監督の業務が多くなって、選手と監督を兼任するのが難しくなりました。しかし、選手としてプレーしていたころの名残で、現在も監督はユニフォームを着ているのです。

　ちなみに、メジャーリーグの公式ルールブックには「監督はユニフォームを着なければならない」とは書かれていません。

答え

もともと選手が 監督をしていたから

ギモン

携帯電話の声がいつもと違って聞こえるのはなぜ？

暮らし・文化

食べ物

言葉

人体

イベント・スポーツ

科学

自然・環境

　固定電話を使って話す場合、本人の声の波形を電話線でそのまま相手に届けています。一方、携帯電話には電話線がないため、電波に乗せて届ける必要があります。しかし、人の声は複雑で、波形のままだとデータ量が多すぎて、届けるのに時間がかかったり、多くの人が同時に使うと使えなくなったりして、スムーズな会話ができなくなってしまいます。

　そこで携帯電話では、届けるデータ量を少なくするため、限りなく本人の声に近い合成音声、いわばモノマネした声をつくって、そのつくり方の指示書を相手に届けているのです。合成音声をつくっているのは、携帯電話に内蔵されている「音声コーデック」というプログラム。音声コーデックにはいろいろなパターンの「声帯の振動」や「声の大きさ」、「のどの響き」が入っていて、それらを組み合わせて本人の声とそっくりな合成音声をつくっています。組み合わせのパターン数は非常に膨大で、どんな声でもほぼそっくりにつくれますが、あくまで携帯電話がモノマネした声のため、直接話した時と違った声に感じることがあるのです。現在も、さらに上手くつくるための研究開発が続けられています。

答え

あなたの
本当の声では
ないから

桜並木

ギモン

なぜ桜並木は川沿いにある？

　人々が質素・倹約を強いられていた享保の時代、8代将軍の徳川吉宗は新田開発に力を入れます。しかし、追い打ちをかけるように隅田川の氾濫による水害が発生。財政難だった当時の幕府にとって、隅田川沿い20kmを工事するのは不可能でした。吉宗は、中国の歴史書『史記』に書かれていた「桃李（とうり）もの言わざれども 下（した）自（おのずか）ら蹊（みち）を成す（桃や李（すもも）の木には美しい花にひかれ、たくさんの人が集い、自然と道ができる）」にならい、川沿いに桜を植える事業を推進します。川沿いに桜を植えれば人が集まり、地面が踏み固められて、自然と丈夫な堤防がつくれると考えたのです。桜を選んだ理由には、桜が根をたくさん張る樹木だった点、桜は春に花を咲かせるため、梅雨や台風が来るより前に地面を踏み固められる点などがあったと考えられています。

　さらに吉宗は、花見の際の歩きたばこや女装、ごちそうも許可するなど、規制緩和を実施。それまで倹約ばかりだった町人たちは、ここぞとばかりに川沿いの桜並木に集まりました。以降、お花見は武士や町人が身分の差を超え、同じ場所でハメを外せる国民的行事になっていったのです。

答え

花見客に地面を踏み固めてほしいから

●今日のテーマ　暮らし・文化

サービスエリア No.008

ギモン

なぜ サービスエリアの 駐車場は斜め？

暮らし・文化

食べ物

言葉

人体

イベント・スポーツ

科学

自然・環境

日本初のサービスエリアは、1963（昭和38）年の「名神高速道路」の開通と同時に誕生した「大津SA」（滋賀県）です。ここでは1台でも多くの車を停めるために、当初から駐車場が斜めにつくられていました。当時、サービスエリアは山あいなどにつくられることが多く、建設費用の関係もあり、そのスペースは必要最小限でした。

駐車場が真っすぐだと、進入角度が急なため、ハンドルの切り返しが多くなり、通路を広めに確保しなければなりませんが、斜めだと進入角度がゆるくなり、簡単に駐車することができるので、通路の幅は狭くてすみます。通路の幅を狭めることで、駐車スペースを増やすことができたのです。

また近年では、斜めの駐車場が逆走事故防止に役立つことがわかっています。駐車場が真っすぐの場合、ドライバーが右と左のどちらに行くか間違えて、出口に行くつもりが誤って入り口に向かい、高速道路を逆走する事故が生じていました。しかし、斜めの場合、車は進む方向を向いているので、その方向に進めば、自然と出口に向かうことができるのです。

答え

逆走を防ぐため

ギモン

とんかつに千切りキャベツがついているのはなぜ？

　明治時代、小麦粉とパン粉をつけた牛肉を油とバターでこんがりと焼いた「子牛のコートレット」という西洋料理が日本に伝わります。しかし、油っこいため当時の日本人の口に合わず、銀座のフランス料理店が日本料理の天ぷらを参考にして、牛肉より安い豚肉を油で揚げた「豚肉のカツレツ」という料理にアレンジ。これがとんかつの前身です。

　西洋料理にはゆでた温野菜を添えるのが一般的なスタイルだったため、とんかつにも最初はゆでたぶつ切りキャベツが添えられていました。しかし、日露戦争が始まると、若い従業員が次々と徴兵され、フランス料理店は人手不足に。そこで、ゆでる工程を省いた生のぶつ切りキャベツを添えようと考えますが、試食した従業員の評価がイマイチだったため生の千切りキャベツにしたところ、おいしいと評判になったそうです。

　キャベツは細かく切れば切るほど、イソチオシアネートという揚げ物料理の旨味を引き立てる成分が出るため、千切りキャベツはとんかつの引き立て役にピッタリだったのです。このため、とんかつと千切りキャベツの組み合わせは、ほかの飲食店にも広まっていったと考えられます。

答え

日露戦争で人手不足になったから

ギモン

お蔵入りの 「くら」ってなに？

　千秋楽は、歌舞伎などの興行の最終日のことです。昔は、千秋楽を簡略化して「楽」とも呼んでいました。現在でも、演劇関係者は「楽日」や「大楽」といった言葉を使用しています。

　人気のある演目は、予定していた千秋楽を延ばしてロングランになりますが、人気のない演目は千秋楽を待たずに打ち切りになることもありました。予定どおりの千秋楽とは違うため、別の呼び方として「楽」をひっくり返して「くら」と呼び始めたのです。これは芝居業界で働く人の中に、もともと露天商だった人がいて、その人たちが言葉を逆さまにすることが多かったのが原因だと考えられます。その際、中止になった舞台の台本を蔵にしまっておくという連想から、「蔵にする」と当て字が使われることもありました。

　その後、新聞などの報道関係者が、なにかの事情で急になくなったものを「おくら」と呼び、この「くら」を蔵と勘違いしたことから、「お蔵入り」という表記が各地に広まったといわれています。

答え

千秋楽の「らく」

●今日のテーマ　人体

鳥肌

鳥肌ってなに？

ギモン

暮らし・文化

食べ物

言葉

人体

イベント・スポーツ

科学

自然・環境

　脳には、体温を調整する視床下部（ししょうかぶ）という部分があります。視床下部は、寒さを感じると「体温を 37℃前後に保て」と命令し、これが毛根についている立毛筋（りつもうきん）に伝えられます。すると、立毛筋は体を温めようと毛を逆立てるのですが、この時、毛穴のまわりの皮膚は高く、立毛筋のついた皮膚は低くなります。これが、ポツポツとした鳥肌の正体です。

　大昔の人類は現代人より毛深く、寒い時は毛を逆立てて皮膚の表面に空気の層をつくり、毛穴から熱を逃がさないようにして、体温の低下を防ごうとしていたと考えられています。しかし、生活の場を森から草原へと変えると、直射日光を浴びて体温が上がりすぎる問題が発生したため、毛を退化させて、代わりに汗を出すという体温調節法に進化したのです。現代では衣服が体温維持の役割を果たしているため、鳥肌は本来の意味をなくしています。不快な音や恐怖を感じた時など、感情の揺れで鳥肌が立つことがありますが、これは立毛筋が興奮状態を表現しているのです。

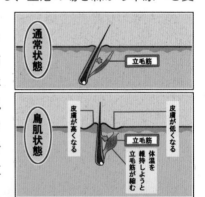

通常状態　　立毛筋

鳥肌状態　　皮膚が高くなる　皮膚が低くなる　立毛筋　体温を維持しようと立毛筋が縮む

答え

服の代わり
でも今はほとんど意味がない

皇居ランナー　No.012

ギモン

皇居の周りを みんなが走るように なったのはなぜ？

　1964（昭和39）年11月1日、東京オリンピックの閉幕から8日後に、皇居一周をランニングする「銀座ホステスマラソン」が開催されました。この大会を主催したのは、銀座のクラブのオーナー・三好三郎さんです。その開催理由はホステスさんたちの健康管理と福利厚生（賞金や参加者全員に賞品を用意）を兼ねていました。

　大会当日、三好さんが経営する3店舗のクラブに所属していた銀座のママやホステスさん約40名は、営業終了後にドレスからランニング姿に着替えて、徒歩で銀座から皇居へ直行。店名と源氏名が書かれたゼッケンを胸につけ、真夜中の午前1時40分に二重橋の交差点からスタートしました。

　参加者は全員、無事完走。当時、画期的な取り組みとして銀座ホステスマラソンが雑誌や新聞に取り上げられると、皇居周辺で働く人たちがマラソンクラブを設立。昼休みや仕事終わりに皇居の周りを走る人たちが現れます。さらに、2007（平成19）年に東京マラソンが開催されたことも影響して、次第に皇居ランナーが増えていったのです。

答え

銀座の ホステスさんが 走ったから

暮らし・文化

食べ物

言葉

人体

イベント・スポーツ

科学

自然・環境

アイロン

暮らし・文化
食べ物
言葉
人体
イベント・スポーツ
科学
自然環境

ギモン

アイロンをかけるとシワが伸びるのはなぜ？

　アイロンをかけるとシワが伸びるのは、繊維を構成する分子を整列させるからです。

　服は糸からできていて、その糸は繊維でできています。さらにその繊維は、細長い分子が結合してできていて、この分子がきれいに整列している時、服はシワのない状態になっています。しかし、服をたたむ、腕まくりするといった外からの力が加わると、分子と分子の間がずれ、間隔がバラバラになってしまいます。これがシワです。

　シワになったものにアイロンをかけると、アイロンのスチームに含まれる水分で繊維が膨らみ、分子同士のつながりがゆるくなって動きやすくなります。動きやすくなった分子にアイロンで圧力をかけ、均一に押しつぶすことで分子が整列していき、最後にアイロンの熱で水分を抜くと、シワができる前の、分子がきれいに整列した状態になるという仕組みです。

答え

繊維の分子を整列させるから

ギモン

風に当たると
涼しくなるのはなぜ?

暮らし・文化

食べ物

言葉

人体

イベント・スポーツ

科学

自然・環境

　風に当たると体が涼しく感じるのは、体の表面を覆っている温められた空気の層が吹き飛ばされるからです。

　実は私たちの体の表面は、体温で温められた空気の層に覆われています。その空気の層の温度は32℃ぐらいで、厚みは1mmほど。風で空気の層が吹き飛ばされると、体温で温められていない空気の層が肌につくため、涼しくなるのです。

　また、人間の体は、体温が上がると汗をかいて体温を調節しています。これは、汗が蒸発した時に熱を奪う、気化熱を利用した仕組みです。しかし、空気が取り込める汗(水分)の量には限界があり、体の表面に空気の層があると、それ以上水分が蒸発しにくくなってしまうのです。そんな空気の層が風に吹き飛ばされると、フレッシュな空気が送り込まれて、また蒸発が盛んに行えるようになるのです。

答え

体の表面の空気を
吹き飛ばすから

●今日のテーマ　暮らし・文化

学校の怪談

暮らし・文化

食べ物

言葉

人体

イベント・スポーツ

科学

自然・環境

ギモン

学校の怪談が どの学校にも あるのはなぜ？

　人間は恐怖を感じると脳の一部が活性化し、βエンドルフィンという快楽ホルモンが出ます。つまり、人間の脳は強い恐怖を感じる時、「怖いけど楽しい」という快感も感じているのです。これにより、怪談が怖いとわかっていても、一瞬の快感を求めて、ついつい引き込まれてしまうのです。

　また、学校の怪談は理科室や放課後のトイレなど、どこで起こるかが厳密に指定されていて、その場所に行かなければ出会うことがありません。直感的に安全だと理解できるため、怖いけど安心して聞いていられます。

　さらに、限られた仲間だけで怪談をすると「自分たちだけが知っている」という秘密の共有から特別感が生まれ、仲間意識が強まります。加えて、怪談を聞いて表情がこわばったり体がビクッと動いたりと素の部分が見えて、お互いの心の距離が近づく効果もあります。

　この「怖いけど楽しい」「怖いけど安心」「秘密の共有」という3つの要素があるから、学校の怪談は友達と仲よくなるためのコミュニケーションツールとして、どの学校にもあるのです。

答え

友達と仲よくなれるから

ギモン

納豆にからしが ついているのはなぜ？

納豆とからしの組み合わせは、江戸時代初期から始まります。当時は納豆汁で食べることが多く、江戸時代のレシピ本『料理物語』の納豆汁の項目には「吸口(すいくち)にからしを用いる」とあります。吸口とは汁物に入れる薬味のことで、納豆汁の薬味としてからしが使われていたのです。

江戸時代中期以降、白米を食べる習慣が広まると、ごはんとおかずを一緒に楽しむ新しい文化が根づきます。体力を使う職人が多く住んでいた江戸では、早い・安い・栄養満点の納豆かけごはんが大流行。そして「納豆売 からしを甘草(かんぞう)ほど（少しばかり）加へ」という川柳がつくられるほど、納豆とからしはセット売りされたのです。

実は、納豆は10℃よりも高温で保存すると、発酵が進んでアンモニア量が増加してにおいがきつくなります。江戸時代は冷蔵庫がないため、常温で保存された納豆は、今よりもっとにおう食べ物でした。そこで活躍したのがからしです。からしに含まれるアリルカラシ油という辛み成分には、アンモニア臭を和らげる効果があります。その名残で、冷蔵庫が普及した現在でも、からしがついている納豆が多いのです。

答え

昔は冷蔵庫が なかったから

暮らし・文化

食べ物

言葉

人体

イベント・スポーツ

科学

自然・環境

●今日のテーマ　言葉
カラス

ギモン

カラスの漢字が「鳥」より一本少ないのはなぜ？

　私たちが使っている漢字は、約3300年以上前に中国で生まれたといわれており、古代中国の王が神と交信するために、亀の甲羅や動物の骨に文字を刻んでいた「甲骨文字」がその起源となります。

　そして「鳥」を意味する甲骨文字は、鳥の形を絵で描いたような文字で、時代の流れとともに形が変化していき、現在の「鳥」の漢字になりました。

　甲骨文字のくちばしの部分は一画目の「´」に、目の部分は四画目の「白」の中の横線に、翼部分は六画目の中央の横線に、そして足の部分は最後の「灬」に変化したのです。

　「烏」という漢字が「鳥」よりも線が一本少ないのは、烏の黒い目が真っ黒な全身にとけ込んで、目が無いように見えるためです。「瞳が見えない」という烏の特徴を表すために、甲骨文字の目の部分に由来する横線が一本減らされて、「烏」という漢字ができたのです。

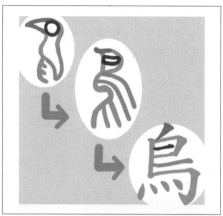

答え
目がどこにあるかわからないから

暮らし・文化

食べ物

言葉

人体

イベント・スポーツ

科学

自然・環境

ギモン

穴があったら のぞきたくなる のはなぜ？

　約100万年前、人類は野生動物を命がけで追いかけて捕まえ、食料にしていました。そんな狩りの生活の中で私たちの祖先が学んだのが、穴があったらまずはのぞいてみるということ。木の幹や地面にある穴は、小動物の住処であることが多いため、穴をのぞけば簡単に獲物を捕まえられる可能性が高くなるからです。

　生存競争に勝ち抜くため、穴をのぞくという経験を何世代も繰り返した結果、私たちの中に「穴をのぞくといいモノがあるかもしれない」という生物学的本能がすり込まれ、行動に影響を与えているのです。

　これは人類だけでなく、ほかの動物にも見られます。たとえば、ネズミを見たこともない飼い猫でも、穴を見つけるとその中に入るのは、巣穴にいるネズミなどの獲物をとっていた行為が本能的にすり込まれているからです。

答え

穴の中に
いいモノがあると
すり込まれているから

暮らし・文化
食べ物
言葉
人体
イベント・スポーツ
科学
自然・環境

相撲が東と西に分かれるのはなぜ？

相撲の始まりは『古事記』の中での神様の力比べとされています。その後、五穀豊穣（ごこくほうじょう）を願う「素舞（すまい）」という神事となり、鎌倉時代には武術として広まりました。このころはまだ、東と西に分ける文化はなかったと考えられています。

力士を東西に分ける文化のきっかけは、織田信長だといわれています。相撲が大好きだった信長は、全国の力自慢を集めて相撲を取らせ、勝ったほうを家臣にしたと伝わっています。また、相撲を取る力士を人で囲って、そこからはみ出たら負けという、土俵の起源となる「人方屋（ひとかたや）」のルールをつくったのも信長とされています。

そんな信長が大好きだった相撲の中に、「竹相撲」がありました。竹の両端をつかみ、お互いが逆方向へねじって、腕力を競い合うものです。ある時、伝蔵と馬次郎という力士が竹相撲を行ったところ、なかなか決着がつかず、ついには竹が真っ二つに割れてしまいました。両者の健闘をたたえた信長は、東にいる伝蔵には東、西にいる馬次郎には西という名字を与えます。これが、力士を東西に分けるきっかけとなったのでした。

答え 東さんと西さんが同じくらい強かったから

ギモン

なぜ トイレットペーパーだけ トイレに流していい?

トイレットペーパーは紙と同様に、木の繊維を水と混ぜて、薄く延ばしたあと、乾かすという工程でつくられています。また、紙は細い糸のような木の繊維がたくさん絡み合ってできていて、水に触れると繊維が細かくほぐれます。つまり、トイレットペーパーは水に溶けるのではなく、紙と同じくほぐれているので、トイレに流しても詰まりにくいのです。

一方、ティッシュペーパーは、ノリのような役割をする樹脂を混ぜ、水に触れてもほぐれにくくなるようにつくられています。そのため、トイレに流すと配管が詰まってしまいます。トイレットペーパー以外の紙は、水でほぐれないように加工されていますが、トイレットペーパーは加工がされていない、まさに紙そのものなのです。

ちなみに、トイレットペーパーは牛乳パックやノートからもリサイクルが可能で、古紙を使ったものは繊維が柔らかくてほぐれやすく、詰まりにくいといわれています。

答え

トイレット ペーパーこそが 紙そのものだから

空気

なぜ地球には空気がある?

　重力とは、簡単に説明すると物質が引っ張る力のことで、この世界のあらゆる物質には重力があります。この引っ張る力によって、地球の周りに空気がたまっているのです。

　実は、太陽系には地球以外の星にも空気があります。たとえば、火星は二酸化炭素が多い空気、木星は水素が多い空気、といった感じです。

　また、宇宙空間にはとても小さなガスや塵がふわふわと漂っています。このガスや塵がお互いの重力で引き合い集まって岩石などの大きな塊になり、その塊の重力に引きつけられたガスや、岩石の中に含まれていた気体が、大きな塊の星の周りの空気になるのです。

　なお、宇宙空間は空気もなにもない真空状態だと思われがちですが、実際にはガスや塵がわずかに存在しています。しかし、私たちが現状わかっているのは宇宙全体のほんの5%程度で、残りはなにかで満たされていると考えられていますが、その「なにか」の正体はまだわかっていません。

答え 地球に重力があるから

暮らし・文化

食べ物

言葉

人体

イベント・スポーツ

科学

自然・環境

ギモン

「ジグソーパズル」を
つくったのはなぜ？

ジグソーパズルは、300年近く前にイギリス人の製図師、ジョン・スピルズベリーが地図をパズルにしたものを売り出したのが、始まりだといわれています（最初に発明したのは、文筆家で教育関係の書籍をつくっていたボーモン夫人という説もあります）。

当時のイギリスは、海を渡って世界中に進出しており、国の位置や規模を覚えることはとても重要なことでした。そのため、イギリスの貴族は、自分の子どもに早くから世界地図を覚えさせていました。そこでスピルズベリーは、子ども向けの教材として、ヨーロッパの国々を国境でバラバラにできる木製パズルを売り出しました。国の形や位置を繰り返しはめ込むことで、遊び感覚で覚えられると貴族の間で大ヒットします。しかし、当時のパズルは今の価格で10万円以上と非常に高価で、庶民には手の届かないものでした。スピルズベリーは海をなくした陸地だけのジグソーパズルもつくり、木材の量を減らして価格を3分の1に抑えることに成功。やがて庶民にも人気が高まっていったのです。

答え

子どもに地図を
教えるため

●今日のテーマ　食べ物
おやつ

暮らし・文化

食べ物

言葉

人体

イベント・スポーツ

科学

自然・環境

ギモン

おやつはなぜ3時？

　江戸時代は日の出と日没を基準にして、昼と夜をそれぞれ6等分した不定時法を使っており、現在の時刻で午後2時から4時にあたる時間帯を「八つ刻」と呼んでいました。そして八つ刻に食べられていた間食のことを、丁寧に「御八つ」と呼んでいたのです。

　江戸の働く人々は屋台のそば、天ぷら、お寿司などで小腹を満たしていましたが、8代将軍の徳川吉宗が砂糖の生産を奨励すると、高級品だった砂糖が入手しやすくなり、まんじゅう、大福、お汁粉など甘いものも好まれるようになります。寺子屋の下校時刻も八つ刻だったため、子どもたちも御八つを楽しみにしていました。

　幕末にかけて西洋人との交流が増えると、不定時法でのんびり過ごしていた日本人と、1日を24時間で数える定時法を使う西洋人との間で、待ち合わせなどでのトラブルが増えるようになります。また、鉄道が開業すると日本人は時間を意識するようになり、政府は1873（明治6）年に不定時法を廃止して定時法を採用しました。その結果、八つ刻は午後3時前後となり、御八つを「お3時」とも呼ぶ人も増えました。

答え

3時がおやつだから

暮らし・文化

食べ物

言葉

人体

イベント・スポーツ

科学

自然・環境

ギモン

おめでたい時に「バンザイ」と言うのはなぜ？

　おめでたい時の言葉として「バンザイ」が使われるようになったのは、1889（明治22）年2月に大日本帝国憲法が発布された時、お祝いの言葉として選ばれたのがきっかけです。

　選んだのは当時、帝国大学（現・東京大学）の教授だった外山正一さん。記録によると、かなりの熱血教師だったそうです。外山教授は帝国大学の総長から、憲法発布後、皇居から出てくる天皇陛下に発する、国民のお祝いの言葉を考えるように依頼されます。

　文部省からは「奉賀（謹んでお祝いする言葉）」を三唱する案が提案されていましたが、学生から「奉賀を三回続けると『ホウガ（ア）ホウガ（ア）』に聞こえ、『阿呆』と紛らわしい」などの意見が出て却下。帝国大学の臨時編年史編纂掛に相談すると「万歳、万歳、万々歳」はどうかと提案されました。読み方は「バンゼイ」「マンザイ」「バンザイ」の3つありましたが、頭が濁音で声に力が入りやすく、母音の「ア」も明るい印象を与えることから「バンザイ」を採用しました。その後、言葉の意味などが新聞に掲載されて、お祝いの言葉として定着したのです。

熱血！外山先生が頑張ったから

答え

●今日のテーマ　人体

秘密基地

ギモン

なぜ子どもは秘密基地をつくりたがる？

暮らし・文化

食べ物

言葉

人体

イベント・スポーツ

科学

自然・環境

　生き物は命の危険が迫った時、「戦う・逃げる・隠れる」の3種類の行動からひとつを選び、命を守ろうとします。たとえば、草食動物のシマウマは足が速いので肉食動物に狙われたら「逃げる」を、逃げてもすぐに捕まってしまうような小動物は巣穴などに「隠れる」を選びます。

　人間にも命を守ろうとする遺伝子に情報が備わっており、危険に対する準備をしておこうとします。まだ体が発達していないために力も弱く、走るのも遅い幼い子どもの場合、生き残る確率が最も高い方法が、敵に見つからないように「隠れる」になります。

　つまり、大人を敵に見立てたり、架空の敵を設定したりすることが多い秘密基地遊びによって、子どもたちは命を守る練習をしているのです。

答え

命を守る練習がしたいから

ギモン

日本のラグビーの ユニフォームに ボーダー柄が多いのはなぜ？

　ラグビーのユニフォームといえばボーダー柄を思い浮かべる人も多いと思いますが、実はボーダー柄は世界では少数派です。

　日本でラグビーが行われるようになったのは、1899（明治32）年のこと。慶應義塾大学の英語講師だったE.B.クラークさんが生徒に教えたのが始まりだといわれています。当時の慶應義塾大学のユニフォームは黒一色でした。当時のラグビーは、激しいぶつかり合いから怖いイメージが強く、ユニフォームも黒一色だったことから、学生に不人気だったそうです。

　1903（明治36）年、ラグビー部に在籍していた岡本謙三郎さんが、アメリカのプリンストン大学のエンブレムを参考にして、黒と黄色のボーダー柄のユニフォームをデザインします。このボーダー柄のユニフォームの影響か、慶應義塾大学ラグビー部の入部希望者は倍増したそうです。

　以降、ほかの大学がラグビー部を創設する際、大学のカラーを取り入れたボーダー柄を次々と採用。ラグビー人気の広がりとともに、日本のラグビー界に2色のボーダー柄ユニフォームが広まっていったのです。

答え

慶應義塾大学が タイガーカラーにしたら 部員が増えたから

暮らし・文化

食べ物

言葉

人体

イベント・スポーツ

科学

自然・環境

コンマ

ギモン

数字を3桁ごとに
コンマで区切るのは
なぜ?

暮らし・文化

食べ物

言葉

人体

イベント・スポーツ

科学

自然・環境

　単位は「一、十、百、千」「万、十万、百万、千万」と4桁ごとに変わるのに、数字は「100,000」と3桁ごとに区切ります。実はこれは、国のルールで決められています。

　1952(昭和27)年に内閣官房長官が、仕事の効率化を図るため、各省庁に書類の書き方を統一するよう通知し、大きな数は3桁ごとにコンマで区切ると定めたのです。3桁ごとに区切ったのは、福沢諭吉がアメリカの簿記の本を翻訳して、日本に紹介したのがきっかけでした。

　江戸時代の帳簿の数字は「四百二拾」というように、数字と位の両方を漢字で書いており、パッと見ではわかりにくく、書くのも面倒でした。そんな中、福沢は簡単で見やすい西洋の簿記に注目。アメリカの会計本を翻訳した際に、「四二〇」と、位の漢字を使わない表記とあわせて、「3桁ごとに点を打つ」と紹介したのです。この西洋式の簿記自体はあまり広まりませんでしたが、数字の書き方はとても便利だとすぐに浸透し、一緒にコンマの区切り方も広まっていったのだと考えられています。

答え

福沢諭吉が決めたから

ギモン

なぜ世界遺産を決めるようになった？

　エジプトのナイル川流域は、川の氾濫が肥沃(ひよく)な大地を生み出す一方で、住民たちの生活を苦しめてもいました。1960年代、エジプト政府はナイル川に巨大なダムの建設を決定します。しかしそれは、ナイル川沿いの遺跡群がダム湖に沈んでしまうことを意味していました。エジプトの文化大臣を務めていたサルワト・オカーシャは、遺跡を守るためユネスコに相談。ユネスコは、遺跡を移築するための資金の援助を世界中に呼びかけます。当初、支援金集めは苦戦しましたが、サルワトはツタンカーメンの仮面などを国外に持ち出し、アメリカや日本などで古代エジプト文明の展覧会を開催。エジプト文明の大切さを訴えると同時に収益金を集め、遺跡の移築を実現させます。

　巨大なアブ・シンベル神殿では、遺跡を1000以上のブロックに切り分け、移築先で組み立て直すというプランを採用。5カ国から約2000人もの技術者が集結し、見事移築に成功しました。このエジプトの遺跡を世界中が協力して守ったという経験から、「人類共通の遺産」をみんなで守るという考えが広まり、世界遺産条約の採択へとつながっていったのです。

答え

世界がひとつになった伝説の大プロジェクトが成功したから

● 今日のテーマ　暮らし・文化
黄色い帽子

ギモン

小学生が
黄色い帽子を
かぶるのはなぜ？

　昭和30年代、かつてマイカーブームが起きた時代に、いわゆる「交通戦争」と呼ばれる交通死亡事故が急増しました。当時、和歌山県の一警察官として働いていた坂下敏郎さんは、子どもの事故は大人の責任で防ぐ必要があると考えていました。

　ある日、坂下さんは映画館で西部劇を見ます。映画のワンシーンで、大草原の中に現れたひとりの男。その姿は遠くにあり、彼がかぶる帽子も、もはやオレンジ色の点に過ぎません。それにもかかわらず、坂下さんは一目で彼がカウボーイだとわかったことに着目します。子どもたちにも決まった色の目立つ帽子をかぶせれば、事故を防げるのではないかと考えたのです。翌日から坂下さんは子どもに色のついた帽子をかぶせて、300m離れては確認するという実験に明け暮れます。

　この実験の結果、最も目につきやすい色が黄色だと判明。坂下さんの発案した「黄色い帽子」はやがて全国に広まり、交通事故による死者数（15歳以下）は減少したのです。

答え

坂下さんが
西部劇を見たから

暮らし・文化

食べ物

言葉

人体

イベント・スポーツ

科学

自然・環境

ギモン

なぜそうめんを流す？

　本来、水は味がないものですが、日本には古くから水を味わう文化がありました。たとえば、かき氷は水を味わう食べ物の代表格で、清少納言の『枕草子』の「けずりひ（削り氷）にあまづら（甘葛）入れて」という文章から、平安時代からかき氷のようなものが食べられていたことがわかります。また、平安時代の貴族たちは、暑い夏にごはんに冷水をかけた「水飯」で、水を味わいながらごはんを楽しんでいました。

　ほかにも、水ようかん、水まんじゅう、くずきり、わらび餅など、日本には水のおいしさが味を左右する食べ物がたくさんあります。たっぷりのお湯でゆで、冷水で麺をしめ、つゆにつけて食べるそうめんは、おいしい水の存在が欠かせない食べ物です。しかし、そうめん自体にはほとんど味がないため、いかにおいしい水を使うかが重要になります。

　冷蔵庫がなかった時代に、そうめんをよりおいしく食べる知恵として、冷たくておいしい湧き水が出る地域で流しそうめんが誕生し、広まっていったといわれています。

答え

日本人には水の味を楽しむ文化があるから

暮らし・文化

食べ物

言葉

人体

イベント・スポーツ

科学

自然・環境

ギモン

なぜ外国語を カタカナで書く？

　漢字が中国大陸から日本に伝来したのは4〜5世紀ごろ。中国との外交によって、お経など漢字で書かれた書物が日本にやってきますが、当時の日本は会話で使う「話し言葉」はあるものの文字は存在しないため、漢字の意味や読み方がさっぱりわかりませんでした。そこで、中国から日本に移り住んだ渡来人に教わって漢字にふりがなをつけるようになりますが、漢字以外の文字がないため、漢字のふりがなに漢字を使ったのです。たとえば、漢字の「山」のふりがなとして「也万」という漢字を添えました。しかし、これだとたくさんの漢字を読まなければなりません。

　そこで、漢字の一部を取り出してカタカナがつくられ、中国からやってきた漢文にカタカナで読み方を書くことが定着します。やがて、ポルトガル語やオランダ語など、中国語以外の外国語もカタカナで表記するようになりました。

　江戸時代の学者・新井白石が『西洋紀聞』という西洋を紹介する書物の中で、外国の地名や人名をカタカナで記したこともあり、その後は外来語をカタカナで書くことが定着していきました。

答え

そもそもカタカナは 外国語を読むために つくられた文字だから

なぜ赤ちゃんは頭が大きい？

赤ちゃんの頭が体に比べて大きいのは、赤ちゃんにとってこの世界に生まれることは大きな試練で、それを乗り越えるためには大きな脳、つまり大きな頭が必要だからなのです。

お母さんのおなかにいる時、赤ちゃんは、へその緒を通じて栄養や酸素をもらうなど、生きるための活動の多くを、お母さんに代わりにしてもらっています。

しかし、お母さんのおなかから外の世界に出ると、まぶしい光やいろいろな音、気温や重力の変化など、環境に対応しなければなりません。また、自分の肺で酸素を取り入れ、自分の口でミルクを飲んで栄養を取り入れる必要もあります。この大きな試練を乗り越えるために活躍するのが、脳です。脳は、呼吸したり体温を調節したりするように指示を出す役割を担っています。また、赤ちゃんは生まれてからわずか1〜2年で、歩く・喋るなど体のあらゆる機能を一気に成長させる必要がありますが、これらを促すのも脳の役割です。生まれてすぐに脳はフル稼働するため、赤ちゃんはお母さんのおなかの中で、脳を最優先で成長させるのです。

この世界に生まれるという大きな試練を乗り越えるため

答え

暮らし・文化

食べ物

言葉

人体

イベント・スポーツ

科学

自然・環境

ギモン

なぜバランスの 悪い一輪車に 乗るようになった？

　1817年のドイツで、現在の自転車の原型とされる、足で地面を蹴って進む乗り物「ドライジーネ」がつくられます。

　1860年代にはフランスで、前輪についたペダルをこいで進む自転車が登場。これは、ペダルを1回転させると、前輪の円周分進むつくり。つまり、前輪を大きくするほどペダル1回転で進む距離が長くなり、スピードも出るようになります。その結果、前輪の直径が1m50cmもある自転車も誕生しました。この自転車は、平坦な道では気持ちよく乗れましたが、後輪が小さいため、段差がある時や急ブレーキをかけた時は前につんのめってしまうという危なっかしさもありました。

　すると、「それならばいっそ、前輪だけでバランスを取ればいいや」と前輪だけで器用に乗りこなす人が現れるようになりました。これが、現在の一輪車が誕生したきっかけといわれています。

答え

バランスの悪い
二輪車が危なかったから

● 今日のテーマ　科学

色鉛筆 No.034

ギモン

色鉛筆が消しゴムで きれいに消せないのは なぜ？

　そもそも、鉛筆と色鉛筆はまったくの別物です。鉛筆の芯は黒色をつけるための黒鉛とそれを固める粘土でできています。鉛筆を紙に走らせると紙の表面の凸凹に黒鉛の層が引っかかって、はがれていくため、紙に文字が書けます。消しゴムは紙に引っかかっている黒鉛をはがすため、消しゴムで文字が消せるのです。

　一方の色鉛筆は、色の原料となる顔料と「滑石」という石を砕いたタルク、ロウ、そしてこれらを固めるノリが主原料となっています。色鉛筆の原料のうち、消しゴムで消えにくくしている犯人は、ロウです。ロウソクを見ればわかるとおり、ロウは加熱するととけ、冷えると固まる性質があります。紙に色鉛筆を走らせると、摩擦熱は 60℃以上に達します。そして、その摩擦熱によってロウがとけて紙の中に入り込み、冷えて固着するというのが、色鉛筆の仕組みです。消しゴムで頑張ってこすっても、はがせるのは紙の表面部分だけで、紙の中に入り込んでしまった色まではがせません。これが、色鉛筆をきれいに消せない理由なのです。

答え

ロウがとけて 固まっているから

暮らし・文化

食べ物

言葉

人体

イベント・スポーツ

科学

自然・環境

039

風

ギモン

風はどこから吹いてくる？

　風とは、空気の移動のことを指し、実は地球を取り巻く空気は、常に移動し続けているのです。

　私たちには感じられませんが、空気には重さがあり、この重さは温度によって変わります。空気は温められると密度が小さくなって軽くなり、上昇。一方、空気が冷やされると密度が大きくなって重くなり、下に移動します。この空気の移動が、風の正体です。空気は冷たいほうから暖かいほうへ移動する性質があり、私たちが普段感じている風は、冷たく重いほうから流れてくる、空気の流れなのです。

　ちなみに、このような空気の流れを簡単に体験できるのが海岸です。陸地は、太陽によって昼間は温度が上がりやすく、夜は温度が下がりやすい特徴があります。一方、海は海水で満たされているため、温度が上がりにくく下がりにくいという特徴があります。つまり海岸は、日中は陸地が暖かく、海は冷たくなるため、海から陸へ風が吹き（海風）、夜は陸が先に冷えてしまうため、陸から海へ風が吹くのです（陸風）。

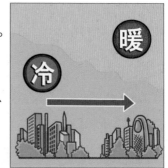

答え

風は冷たいほうから吹いてくる

ギモン

カレンダーの 土曜日が青いのは なぜ？

暮らし・文化

食べ物

言葉

人体

イベント・スポーツ

科学

自然・環境

　日本では江戸時代初期から庶民もカレンダーを使っていましたが、現在と同じ曜日という概念が生まれたのは、1873（明治6）年に太陽暦を採用してから。その結果、日曜日を休みにする人が次第に増え、戦後にはアメリカのように、日曜・祝日を赤くしたカレンダーが一般化します。

　しかし、1973（昭和48）年に第1次オイルショックが起きると、日本では省エネルギーや省資源が意識されるようになり、営業時間の短縮や土曜日を休みにする店や企業が増えました。つまり、土曜日は仕事が休みの人もいれば働いている人もいる、どっちつかずの曜日になったのです。

　そこで、わかりやすいように土曜日の色を変えたカレンダーが、第1次オイルショックの翌年から登場。そのカレンダーでは、土曜日が黒から青に変わっていました。では、なぜ青だったのか。

　それは当時の印刷技術が関係しています。実は、当時の印刷の4原色は青・赤・黄・黒で、カレンダーでは黒は平日に、赤は日曜・祝日に使われているため、残りは青と黄のみ。黄で印刷された数字は見えにくかったことから、消去法で青を土曜日に使うようになったのです。

答え

オイルショックが 起きたから

お子様ランチ

ギモン

お子様ランチに旗が立っているのはなぜ？

　1930（昭和5）年、東京・日本橋の大手デパートで、「お子様洋食」というメニューが登場しました。これと前後して、上野の大手デパートに「お子様ランチ」が誕生します。これらのメニューでは、ごはんに旗が立っていました。そこから、旗が立った子ども向けメニューが「お子様ランチ」として定着していったと思われます。

　ごはんに初めて旗を立てたのは、日本橋の大手デパートの食堂主任を務めていた安藤太郎さんです。安藤さんは子ども向けのメニューをつくろうと、サンドイッチ、スパゲッティ、コロッケなど、子どもが大好きなおかずを詰め込んだ一皿を用意し、そこへケチャップライスを富士山のように盛りつけました。その時、大の登山好きだった安藤さんはケチャップライスがなにか物足りないと、旗を突き立てたのです。前年の世界恐慌で日本中が暗い雰囲気の中、せめて食事の時だけは、子どもたちに夢を持って食事で楽しんでほしいという、安藤さんの思いによって生まれた料理、それが旗が立っているお子様ランチだったのです。

答え

安藤さんが登山好きだったから

ギモン

動物の数え方で「匹」と「頭」はなにが違う？

　もともと江戸時代までは、すべての生き物の数え方は「匹」で、「頭」という数え方はありませんでした。明治時代に西洋の文化が入ってきた際、西洋の生物学の論文に「head」という数え方が書かれており、これがそのまま訳されて「一頭、二頭」と使われるようになったのです。実際に、日本最古の動物園である上野動物園の1892（明治25）年の飼育記録でも、この「頭」という数え方が使われていました。やがて1916（大正5）年、夏目漱石が新聞小説で馬の数え方を「頭」と書いたことから、庶民の間でもこれが広まっていきます。こうして、これまで「匹」で数えていた動物のうち、大きいものは「頭」と数えるようになりました。

　「匹」と「頭」の使い分けには、人間が向き合った時に勝てそうなら「匹」、勝てそうにないなら「頭」、という説があります。もうひとつの説は、一般的には「匹」を使いますが、コレクターにとって特別な存在という場合は「頭」が使われる、というもの。たとえばコレクション価値が高い蝶などがこれにあたります。また、特別な訓練を受け、単なるペットではない警察犬や麻薬探知犬も「頭」と数えるそうです。

答え

**戦って勝てるかどうか
または特別な価値が
あるかどうか**

暮らし・文化

食べ物

言葉

人体

イベント・スポーツ

科学

自然・環境

●今日のテーマ　人体
嫌なこと

ギモン

なぜ嫌なことは妙に覚えている？

　記憶の仕方には、嫌な記憶は「きっちり」覚え、楽しい記憶は「ざっくり」と覚えるというふたつのパターンがあります。これは、嫌な記憶は「再び起こさないための教訓」だからです。

　嫌なことが起きたり、起こる前触れを察知したりすると、人間の脳はその瞬間、状況や音、光、温度など、周囲のあらゆる情報を集めて、同じことを繰り返さないように、これらの情報を丁寧に刻み込むのです。

　交通事故にあうと、その瞬間がスローモーションのように見えるというのも、危険を感じた脳が対処しようとしているからだと考えられています。周囲の状況をひとつひとつ記憶しようとした結果、時間の流れが遅く感じられるようになるのです。

　逆に楽しい時は、その経験だけで満足しているため、周囲の情報にあまり目が向かず、「楽しい」「遊んだ」など、ざっくりとした記憶になるのです。楽しい時間は早く過ぎ、つらかったり退屈だったりする時間は遅く感じるのも、同じ現象が起こっているからです。

答え

悲劇を繰り返さないため

ギモン

おみくじに和歌が書いてあるのはなぜ？

　おみくじというと吉や凶などの運勢に注目されることが多いですが、実は和歌の部分こそがおみくじの本質です。

　本来、おみくじとは神様からのお告げが書いてあるもので、そのお告げは和歌の形で人々に伝えられていました。昔の人も、悩みや願いがあると神様からのメッセージを求めていましたが、神様のメッセージを直接聞くことはできないため、巫女を通じて神様からの和歌、つまりお告げを聞いていたのです。和歌を通じて神様の言葉を聞くことを「歌占」といい、これがおみくじのルーツのひとつとなります。

　室町時代には、占いたい人が弓に結び付けられた短冊から1枚を選び、そこに書かれている和歌を神様からのお告げとして受け取るという、現在のおみくじに近いものが登場します。江戸時代には、和歌をまとめた「歌占本」が出版されます。札をサイコロのように振って出た目にあたる、歌占本のページに書いている和歌を、自分の悩みに照らし合わせたのです。やがて、和歌の意味がわからなくても楽しめるように、運勢の目安となる吉や凶なども加わり、現代のおみくじの形になっていきました。

答え

そもそもそれがおみくじだから

暮らし・文化

食べ物

言葉

人体

イベント・スポーツ

科学

自然・環境

暮らし・文化

食べ物

言葉

人体

イベント・スポーツ

科学

自然・環境

デジタル体重計で重さがはかれるのはなぜ？

ギモン

　デジタル体重計の中を見ると、4つの角にロードセルというセンサーがついており、各センサーの中央には、「ひずみゲージ」と呼ばれている小さくて薄い金属の板が2枚貼られています。アナログ式の体重計はバネの力を利用して体重をはかりますが、デジタル体重計はこのひずみゲージを利用して体重をはかるのです。

　そもそも「ひずむ」とは、あるものに力が加わることで、ゆがんだり、曲がったり、いびつな形になることです。デジタル体重計に乗って四隅に力が加わると、2枚のひずみゲージを貼っている土台の形が変形します。それにつられて、一方のひずみゲージが伸び、もう一方のひずみゲージは縮むのです。

　金属の板は伸びている状態だと電気が流れにくくなり、縮んだ状態だと電気が流れやすくなります。この性質を利用し、デジタル体重計は2枚のひずみゲージを流れる電気量の差をはかって、0.5mV差なら50kgというように、どのくらいの重さがかかっているのかを計算しているのです。

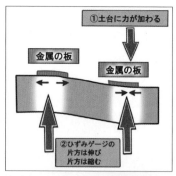

①土台に力が加わる

金属の板

金属の板

②ひずみゲージの片方は伸び片方は縮む

答え　金属の板がひずむから

暮らし・文化

食べ物

言葉

人体

イベント・スポーツ

科学

自然・環境

ギモン

雑草ってなに？

　植物にはすべて名前がついていて、「雑草」という名前の植物は存在しません。実は、望まれないところに生えている邪魔な植物は、すべて雑草なのです。たとえば、道端に咲いている菜の花は、通行の邪魔だと思う人には雑草ですが、菜の花が好きな人にとっては雑草ではありません。生えている草が雑草かどうかは、人それぞれの主観によるのです。

　嫌われている雑草でも、地域によってはおいしく調理され、もはや雑草ではなくなっているものもあります。スベリヒユがこれにあたり、山形では有名な食材のひとつです。稲やトウモロコシなども、もともとは雑草でしたが、人間が食料用として品種改良したといわれています。

　ちなみに、七草がゆに使われる「春の七草」のうち、スズナ（カブ）、スズシロ（大根）以外のセリ、ナズナ、ゴギョウ、ハコベラ、ホトケノザの５種類は、野原や畑に生える雑草とされています。

答え

望まれないところに
生えているすべての草

● 今日のテーマ　暮らし・文化
110番と119番

暮らし・文化

食べ物

言葉

人体

イベント・スポーツ

科学

自然・環境

ギモン

警察が110番 消防が119番 なのはなぜ？

　民間の電話サービスが始まった1890（明治23）年当時の通話は、まず電話機のフックを押して電話交換局につなげ、交換手に相手の番号を伝えて電話回線をつなげてもらう手動式でした。1926（大正15）年には、交換手がいらない自動交換方式が導入されます。この時、消防の電話番号は電話機のダイヤルを素早く回せるように、112番に制定されました。

　しかし、自動交換方式はフックを押すとダイヤルの1を回したことになる仕組みだったため、「2」から始まる番号に電話をかける際、手動式の時の交換手を早く呼び出すクセでついガチャガチャとフックを2度押してしまい、「ガチャガチャ（11）2」と、意図せず消防に間違い電話をかけてしまう人が続出。そこで1927（昭和2）年、当時は「9」から始まる電話番号がなかったので、現在もおなじみの119番に変更されました。

　戦後、悪化した治安に警察が早急に対応できるように、東京の警察の電話番号が110番と制定されます。しかし、名古屋は118番、大阪・神戸・京都は1110番など地域によって番号がバラバラだったため、1954（昭和29）年に覚えやすくかけ間違いの少ない110番に統一されました。

答え

みんなのクセが 抜けなかったから

懐石料理の
石ってなに？

　懐石料理の「石」とは、お坊さんがおなかを温めるために使った石のことを表しています。懐石料理の始まりは、今から約400年前、お寺のお坊さんが修行中に食べていた食事です。当時のお坊さんは1日1食のことが多く、3品のおかずにごはんと汁物という「一汁三菜」が基本でした。

　食事が十分にとれないと、体力が落ちて体温が低下してしまいます。そこでお坊さんは、「温石」と呼ばれる温めた石を懐に入れて体温を上げることで、空腹を和らげていたのです。そしてここから、お坊さんの一汁三菜の質素な食事を、懐石料理と呼ぶようになりました。

　質素な懐石料理に高級なイメージがあるのは、安土桃山時代の茶人・千利休の影響です。利休は茶会で「濃い茶」という渋みの強いお茶を出していましたが、空腹時にお茶を飲むとおなかを壊すと信じられていました。そこでお茶を飲む前の軽食として、高貴なお客さんに懐石料理を出したのです。そのため、懐石料理はお茶の味を引き立てるシンプルな味つけになっています。一方、「かいせき」と音が同じ会席料理は江戸時代に武士がお酒を楽しむために生まれたため、お酒に合う味つけなのです。

お坊さんが
おなかを
温めた石

●今日のテーマ　言葉
エイエイオー

エイエイオーって
なに？

　運動会や選挙の時に行われるかけ声「エイエイオー」は、戦国時代の武将と兵士たちが行った「戦う気はあるか」「戦う気はあるか」「もちろんです」というやり取りが起源だと考えられています。

　戦国時代より前、一騎打ちのような個人戦が多かったころは、戦の始まりのかけ声は「ウォー」という「鬨の声」だけでした。しかし、戦国時代に入ると戦は大人数となり、チームワークが重要になってきます。そこで、一致団結するためのかけ声として「エイエイオー」が生まれたのです。

　本来の「エイエイオー」は、大将が「エイエイ」と呼びかけて、配下の兵士が「オー」と返します。「エイ」は「曳（ひく）、栄（さかえる）」などと書き、兵を引っ張る、国を栄えさせるという意味があります。つまり「戦う気はあるか？」と大将が問いかけているのです。一方「オー」は兵士が「応じる（もちろんです）」という意味です。

　江戸時代になり、戦がなくなると「エイエイオー」は使われなくなりましたが、現代になり、テレビで放映された時代劇の「エイエイオー」を視聴者がマネして、広まっていったと考えられています。

答え

「戦う気はあるか」
「戦う気はあるか」
「もちろんです」

ギモン

なぜ走ったあと息切れして苦しくなる？

　人間の体には、血液中の「酸素の量を感じるセンサー」と「二酸化炭素の量を感じるセンサー」が備わっています。センサーで感じた二酸化炭素の情報は、大脳と脊髄の間にある呼吸中枢に伝わります。血中の酸素と二酸化炭素などの体内の環境が一定になるよう、横隔膜などの筋肉にここから指令を発するのです。ジョギングなどで走ると、筋肉がエネルギーを消費して体内で二酸化炭素が発生します。センサーを通じて二酸化炭素量増加の情報を感じ取った呼吸中枢は、これを外へ吐き出させるために、横隔膜に激しく動くよう指令を出しているのです。

　しかし、息切れの苦しさの直接的な原因は、この横隔膜の激しい動きではありません。普段、私たちの呼吸量は1分間で約5〜6Lほど。脳は呼吸量を感じてはいるものの、特別に意識はしていません。ところが、運動後の息切れしている時には1分間に100Lほどの空気を吸ったり吐いたりしています。この状態になると、脳は異常事態を感じ取り、呼吸（特に二酸化炭素を吐くこと）を強く意識し始め、危険を知らせる警報を鳴らします。これが息切れの苦しさの正体なのです。

答え

脳が苦しがっているから

●今日のテーマ　イベント・スポーツ

カレンダー

暮らし・文化

食べ物

言葉

人体

イベント・スポーツ

科学

自然・環境

ギモン

カレンダーに「大安」や「仏滅」が書かれているのはなぜ？

　カレンダーの「大安」「仏滅」は、日の吉凶を占う六曜のひとつです。この六曜は14世紀ごろに中国から伝わり、日本で独自の解釈が加えられました。江戸時代の人々はカレンダーに書かれた占いを生活の指針とすることが多く、体調が悪くても医者にかかるのが凶と出れば日にちをずらすなど、占いでやるべき・避けるべきことを決めていたのです。ただし、比較的新しく、またシンプルな占いだった六曜は、当時はカレンダーに書かれていませんでした。六曜がカレンダーに掲載されたのは明治時代、暦が改定されたのがきっかけです。この時、政府は科学的根拠のない吉凶占いなどを廃止。カレンダーへの占いの掲載も禁止します。しかし、人々は密かに占いの載った「闇カレンダー」をつくり、六曜も掲載したのです。六曜は、この闇カレンダーが出回る中で広まったとされます。

　第二次世界大戦後にカレンダーは自由化されます。人々も江戸時代ほど占いに頼らなくなっていましたが、シンプルかつ冠婚葬祭業と強く結びついた六曜は、カレンダーに生き残ったのです（※六曜の発祥や意味については諸説あります）。

答え

"闇カレンダー"がつくられたから

QRコードは なんの模様?

QRコードはバーコードをもとに、より速く正確に多くの情報を読み取れる技術として、工学技術者の原 昌宏さんが囲碁の模様をヒントに開発しました。ちなみに、QR は Quick Response の頭文字です。

白と黒の線の幅と並び方の組み合わせで情報を認識するバーコードは、情報量を増やすとどんどん横に長くなってしまいます。そこで横方向（1次元）だけではなく縦方向（2次元）にすることで、情報量を増やそうというのが、QRコード（2次元コード）の出発点でした。

横と縦のマス目を組み合わせることで、QRコードで表現できる情報量は一気に増加。しかし、QRコードを印刷したインクのにじみや白黒のひずみのためエラーが起き、情報の読み取りができないことがありました。

これを解決したのも、囲碁でした。囲碁の碁石がマス目から少しズレて並んでいたり、割れていたりする状況を想定し、QRコードの境界線をわざと曖昧に認識してからくっきりと修正するというプログラムを組むことで、各マス目の白と黒を正確に判断できるようにしたのです。

答え

囲碁

暮らし・文化

食べ物

言葉

人体

イベント・スポーツ

科学

自然・環境

●今日のテーマ　自然・環境
梅雨

なぜ梅雨はある？

　梅雨とは、春の終わりから夏にかけて、雨や曇りの日が多く現れる現象のこと。梅雨があるのは、ヒマラヤ山脈など世界最高峰の山脈が連なるユーラシア大陸最大の高原「チベット高原」があるからです。

　平均標高4000m以上と標高の高いチベット高原では、夏が近づくと強い太陽の日差しによって地面が暖められて気温が上昇し、上空に暖かい空気が生じます。暖かい空気は軽いため上昇し、その下では気圧が低下。そこへインド洋から大量の水蒸気を含んだ風が吹き込んできます。

　この風は、地球の自転の影響で「南西風（モンスーン）」となって日本付近へ流れてきます。さらに、アジア大陸の上空には「亜熱帯ジェット気流」という非常に強い西風が常に吹いており、この西風に乗ってチベット高原の暖かい空気も日本付近に運ばれてくるのです。日本にやってきた暖かい空気の下に、大量の水蒸気を含んだ風が流れ込み、雨を降らせる雲を発生させます。この暖かく湿った空気が、日本上空で北側の冷たく乾いた空気とせめぎ合うと、その境目の部分が停滞前線とも呼ばれる「梅雨前線」となり、日本では雨や曇りの日が続くことになるのです。

答え　　　　　チベット高原が
　　　　　　　　あるから

ギモン

五円玉が金色なのはなぜ？

銅に亜鉛を 30% 以上混ぜると黄銅という合金になりますが、この黄銅でできているのが五円玉です。黄銅は真鍮とも呼ばれ、トランペットなどの管楽器の材料としても使われている素材。銅に亜鉛を混ぜると黄色みを帯びるため、金に近い色になるのです。

明治〜大正時代、庶民が使っていた一銭、一厘といった硬貨には、銅を主な原料とした金属が使われていました。しかし、1937（昭和 12）年に日中戦争が始まると、銅は主に銃や大砲の弾などに使用されるようになり、やがて硬貨の材料としては使われなくなります。

1945（昭和 20）年に戦争が終わり、新しい硬貨がつくられることになりましたが、材料が不足していました。そこで、戦争で大量に余っていた銃や大砲の弾などの黄銅を活用して硬貨がつくられたのです。陸軍や海軍の弾の違いなどから、銅と亜鉛の割合にバラツキがあったため、五円玉の成分もバラツキのあるものになりました。本来、硬貨に使う材料の成分は一定ですが、新しい五円玉をつくる際は、古い五円玉をリサイクルしているため、現在でも五円玉の成分にはバラツキがあります。

答え

銃や大砲の弾を
とかして
つくったから

●今日のテーマ　食べ物
かしわ餅

ギモン

なぜこどもの日にかしわ餅を食べる？

かしわ餅の起源は、弥生〜古墳時代に田植えをする女性たちが、外で働きながら食べていた、お米を蒸したおこわを葉っぱで包んだ食べ物でした。葉っぱには「フィトンチッド」という殺菌効果のある物質が含まれているものが多く、その土地にある葉っぱを巻いて虫除けにしていたのです。

一方、「こどもの日」は、奈良時代に中国から伝わった「端午の節句」に由来します。もともとは季節の変わり目に行う厄除けの行事でしたが、江戸時代に入ると、男の子の出生・成長や健康を祝う行事になりました。

健康な男の子を産むためには、お母さんの健康が重要です。そこでお母さんの健康を祈り、田植えの季節に古くから食べられてきた、かしわの葉で巻かれたお餅、かしわ餅を家族で食べるようになりました。また、かしわの葉は新芽が出るまで古い葉が落ちないことから、「子どもや孫が生まれるまで親は死なない」というゲン担ぎにもなっていたのです。

答え

お母さんの健康を祈るため

暮らし・文化
食べ物
言葉
人体
イベント・スポーツ
科学
自然・環境

「人」と「名」

ギモン

人の数え方で「人(にん)」と「名(めい)」はなにが違う?

　人間を数える時は、原則として「人」を使い、その人たちの個々の名前が特定できる場合は「名」を使うことが多いです。たとえば、野球場の観客数は、全員の名前がわかっているわけではないので「人」を使います。ホテルの宿泊客数は、宿泊名簿で名前が特定できるため「名」を使うのが正解です。しかし、飲食店でいうところのお客さんなど、敬意を払う相手には、名前がわからない場合でも「名」を使うことがあります。

　ちなみに、江戸時代まで「名」という数え方はなかったとされています。しかし、1872(明治5)年に政府が「戸籍」を作成して、全国民の名前を特定することができたことから、名前の「名(な)」を取って「名」という数え方が生まれたと考えられています。

答え

名前を特定できているかいないか

ストレス

ギモン

ストレスがたまると甘いものを食べすぎてしまうのはなぜ？

　人は、ストレスがかかると甘いものだけでなく、暴飲暴食で糖質をとる量が増加します。そしてこれが続くと、腸の中で「カンジダ菌」というカビが大繁殖することがわかってきました。

　人間の腸内は、約1000種類、100兆個もの腸内細菌が存在しています。そして腸内細菌は、ビフィズス菌のような、健康維持に欠かせない善玉菌と、ウェルシュ菌のような、体に悪影響を与える悪玉菌、そしてカンジダ菌のような、普段は特に悪さもしない日和見菌に分けられます。

　この3種類の菌は、普段は腸内で仲よく共存していますが、ストレスによる暴飲暴食で糖質の摂取が続くと、甘いものが大好物なカンジダ菌が大繁殖して腸内を支配し、アラビノースという物質を出します。このアラビノースは血糖値を下げる働きを促進してしまい、糖質をとっているにもかかわらず甘いものがほしくなってしまうのです。さらにカンジダ菌は、細胞のエネルギーづくりを邪魔する物質も出してしまうため、疲れた状態が続き、脳が甘いものをもっと食べるよう命令を出してしまいます。このせいで、甘いものがどんどんほしくなるのです。

答え

腸がカビに支配されているから

ギモン

とび箱ってなに？

　とび箱の起源は、中世ヨーロッパにあります。この時代は、長距離を速く移動できる馬が軍事的に重要な乗り物とされていました。当時の騎士たちには馬に乗る能力が必要不可欠で、常に訓練をしていました。

　しかし、動く馬に飛び乗るのは、とても難しい技です。そこで騎士学校では、乗馬訓練用木馬を使った訓練が行われていました。騎士たちは、訓練では甲冑を身につけないまま、剣を片手に持ち、もう片方の手を木馬について飛び乗っていたのです。この木馬の代わりにテーブルを使って訓練することがあり、これがとび箱に変わっていったといわれています。

　19世紀にスウェーデンの体育学者ペール・ヘンリック・リングが「スウェーデン体操」を考案しました。その中で「全身を強くする運動」、「正しい姿勢を保つ運動」用の道具のひとつとして、テーブル型とび箱が考え出されます。その後、木枠を重ねて高さを変えられる、現在のとび箱の形に進化していったのです。日本にとび箱がやってきたのは、1913（大正2）年のこと。スウェーデン体操をもとにつくった教科書でとび箱が紹介されると、全国の学校に普及していきました。

答え

馬

●今日のテーマ　科学
蛇口

ギモン

蛇口をひねると
水が出るのはなぜ？

暮らし・文化

食べ物

言葉

人体

イベント・スポーツ

科学

自然・環境

水道水源林に降った雨は、地下水となって川に流れ出し、ダムで水の量を調節し浄水場へ送られます。浄水場で、安全でおいしい水が作られると給水所に送られます。給水所にあるポンプは、ビーカーの水をマドラーでかき混ぜるように、水を高速で回転させています。すると遠心力が働き、ポンプから押し出された圧力で水が配水管を通って各家庭まで届けられるのです。この圧力の基準が、3階の高さまで上がる水圧です。1987（昭和62）年の建築基準法改正により、木造3階一戸建て住宅が認められるようになりました。給水所では、3階まで水が届くようにポンプの回転を速くしたり遅くしたりして、水圧をコントロールしています。これにより、3階でも蛇口をひねると水が出てくるのです。

ビルなど高い建物に水を届ける方法は、大きく分けてふたつあります。ひとつは、屋上などに大きなタンク（貯水槽）を設置して水をため、そこから下りる圧力を利用する方法、もうひとつは増圧ポンプの力で水の勢いを上げる方法です。

答え

**3階の高さまで上がる
圧力の水を直前で
止めているから**

ギモン

なぜチューリップは球根で植える？

チューリップを種から育てた場合、1年目に芽を出して細い葉を伸ばします。その葉が光合成をしてつくった栄養分によって地中に小さな球根ができ、葉は枯れて1年目は終わります。2年目は、この球根の栄養を使って少し大きな葉ができ、球根がやや大きくなって葉が枯れます。これを繰り返して葉と球根を大きくしていくと、5年目くらいになってようやく、チューリップは花を咲かせることができるのです。

花を咲かせたチューリップの球根をよく見てみると、皮の中に小さな球根がいくつか包まれています。この小さな球根を植えると、植えてからおよそ5か月で花が咲きます。種からだと花が咲くまで5〜6年かかるところを、球根だと5か月で花が咲くため、学校では時間短縮のため、球根からチューリップを育てているのです。

答え

種だと5年とか
6年かかるから

●今日のテーマ　暮らし・文化
ビーチサンダル

ギモン

なぜ
ビーチサンダルは
生まれた？

暮らし・文化

食べ物

言葉

人体

イベント・スポーツ

科学

自然・環境

　世界中で履かれているビーチサンダルは、アメリカの工業デザイナーであるレイ・パスティンと、ゴム製品製造会社でアメリカのゴムを研究していた技術者の生田 庄太郎が出会うことで生まれました。

　1948（昭和23）年、戦後の復興支援のために来日したレイは、履きやすく脱げにくい日本の草履のような履物をつくったら、アメリカでも売れるのではないかと考えました。1951（昭和26）年に再来日したレイは、軽くて弾力性に優れたゴムで草履をつくろうと素材を探し始めます。

　一方、庄太郎は戦時中に軍部の命令を受けて、軽くて衝撃吸収性に優れ弾力性のあるゴムの研究をしていましたが、完成を待たずに終戦。しかし、研究を続けた結果、「独立気泡スポンジゴム」という新素材を開発します。ゴムの中に小さな気泡をつくることで、軽くて弾力性のある独立気泡スポンジゴムは、レイの求めていた素材にピッタリでした。噂を聞いたレイは、庄太郎の工場へ赴き、ゴム製の草履を試作します。その後、いくつもの改良を加えたゴム製の草履・ビーチサンダルは、1953（昭和28）年にアメリカに渡り、1か月で10万足売れるほど大ヒットしました。

答え

レイと庄太郎が
出会ったから

温泉まんじゅう No.058

ギモン

日本中の温泉まんじゅうが茶色いのはなぜ？

　温泉まんじゅうは、今から110年ほど前に、伊香保温泉の和菓子屋さん「勝月堂」が売り出したものが元祖といわれています。茶色いまんじゅうは、茶褐色の温泉の湯の色を参考にしてつくられました。勝月堂の創業当時は、路面電車の伊香保軌道線が開業したタイミングで伊香保に活気が出てきた時代でした。新名物になにかよいものはないか、と考えた末にたどり着いたのが茶色い温泉まんじゅう。最初は温泉を生地に練り込んでつくってみたり、試しに茶色いペンキを入れて色がどうなるのか実験してみたり。最後にたどり着いたのが黒糖を使う方法で、今でもレシピは門外不出となっています。

　こうして売り出された温泉まんじゅうは、1934（昭和9）年に行われた陸軍特別大演習で、昭和天皇が群馬を訪問した際に献上され大変喜ばれたことで、一気に知名度も高まり、全国区になっていきました。

答え

伊香保温泉のお湯が茶色かったから

腹黒い

「腹黒い」というのはなぜ？

ギモン

　「腹を立てる」「腹を据える」など、昔はおなかの中で怒りや笑いを感じたり、物事を考えたりしていると思われていました。平安時代の日記文学『蜻蛉日記』にも「腹黒い」という言葉が使われていて、「腹黒い」はこのころから「人が悪い、意地が悪い」という意味でした。

　不安があるとおなかが痛くなることがあるように、この時代には「精神と体はつながっている」と考えられており、「人間はおなかで物事を考えている」と捉えられていたのです。

　そのため感情を表現する「腹」と、不安な色の「黒」を組み合わせて、表面ではニコニコしていても、心の中では自分の得になるよう、悪だくみを考えている人を指す「腹黒い」という言葉が生まれたのだと考えられています。

　なお、「腹黒い」の語源は、おなかが黒いサヨリという魚にある、という説もありますが、これは「腹黒い」の言葉から、お寿司屋さんが腹黒い人をサヨリと呼んだシャレが、いつしか逆転したものだと考えられます。

答え

昔はおなかでものを考えていると思われていたから

ギモン

エレベーターの中で上を見るのはなぜ？

右タブ: 暮らし・文化 / 食べ物 / 言葉 / 人体 / イベント・スポーツ / 科学 / 自然・環境

　人間はパーソナルスペースという、これ以上近づいてほしくないと感じる縄張りのような空間を持っています。これを侵されると緊張や不安が生じ、そこから「逃げたい」と感じるのです。

　十分なパーソナルスペースを確保できないエレベーターの中で、唯一目の前の空間が確保できるのは、上のほう。そのため、人は自然と上を見てしまうのです。ほかにも、上を見ることで階数を確認しているように見せかけて、自分の「逃げたい」という気持ちを周囲に隠している、という説もあります。

　ちなみに、エレベーターの中で一番人気の場所は階数ボタンの前。目の前のパーソナルスペースを確保するため、ほかの人に前に立たれないようにするには、最適な場所なのです。また、ボタンを操作するなど、なにかすることがあったほうが、不安や不快感が軽減されるというリサーチ結果も出ています。

答え

逃げたいから

●今日のテーマ　イベント・スポーツ
夏休みの宿題

ギモン

夏休みの宿題が ギリギリになるのは なぜ？

　私たち人間の脳は、目先のことだとせいぜい7つぐらいのことしか覚えられません。脳内には優先順位があって、夏休みの宿題は、なかなかこの7つに入ることができないため、ギリギリになってしまうのです。

　人間の記憶には、いつまでも覚えている「長期記憶」と、しばらくすると忘れてしまう「短期記憶」の2種類があります。長期記憶とは、自分の家の住所や自転車の乗り方など、生きていくうえで覚えておく必要があるものや、感情が伴う楽しい思い出などです。

　一方、短期記憶とは、精算機まで移動する間に覚えておく駐車場の番号など、目的を達成すれば忘れてしまっても困らないものを指します。自分が今日これからなにをやるか、というのはすべて短期記憶ですが、ここに夏休みの宿題が入るとどうなるでしょうか。人間が一度に覚えられる短期記憶は7つくらいが限界なのに、夏休みの「今日やることリスト」には、朝ごはん、歯磨き、セミ捕り、ゲームなどがどんどん入ってきます。すると、短期記憶では「すぐにやること」と「楽しいこと」が優先されるので、楽しくない夏休みの宿題は、後回しになってしまうのです。

答え

人間はこれからやること 7つしか覚えられないから

●今日のテーマ　科学

ICカード No.062

ギモン

ICカードをピッと するだけで お金が払えるのはなぜ？

暮らし・文化

食べ物

言葉

人体

イベント・スポーツ

科学

自然・環境

　電車に乗る時や買い物をする時に IC カードをピッとすると、現金を出していないのに支払いができます。なぜ IC カードをピッとするだけで、お金が支払えるのでしょうか。

　お金とは、約束と信用があって成立しているものです。たとえば千円札は、国が「1000 円分の価値がある」と法律で約束し、国民が「みんなが買い物に使っているから大丈夫」と信用することで、お金として成立しています。このふたつが両立していなければ、千円札はただの紙切れとなってしまいます。逆にいえば、約束と信用が両立していれば、お金そのものはお札や硬貨に限らず、なんでもよいのです。

　交通系 IC カードの場合は「お金を貯めた」というデータを鉄道会社が記録しています。つまり「IC カードをピッとやると、お金が減る代わりに鉄道に乗れます」と鉄道会社が約束しており、私たち使用者がその約束を信用することで、お金として成立しているわけです。この場合、IC カードに記録されているデータをお金としてやり取りしています。

答え

お金なんて
なんでもいいもの
だから

●今日のテーマ　自然・環境
惑星

ギモン

惑星を「惑う星」と書くのはなぜ？

　「惑星（プラネット）」という言葉は、ギリシャ語の「プラネィティス＝さまようもの」が語源のひとつとされています。

　星座を形づくる恒星は、地球の自転によって東から西へと動いて見えますが、地球が１回転した時を切り取って星空を見てみると、恒星は動いていないように見えます。しかし、ある日の星空を切り取って日付を進めてみると、まったく動かない星空の中で、火星だけが右（西）へ左（東）へと動いて見えます。これは、火星よりも内側を通っている地球が、火星を追い越した際に起こる現象。火星の動きを知った昔の人が、星座を形づくる恒星の間を、ふらふらと惑っている星として「プラネット」と名づけたのです。

　江戸時代にはこれと同じ意味のオランダ語を、蘭学者の本木良永が「惑星（まどいぼし）」と翻訳しています。ただし、これはさまよっているからではなく、恒星とは異なる動き方をするために、天文学者がその動きを計算する際に惑うから、というのが言葉の由来といわれています。

答え　空をさまよい　惑っているから

暮らし・文化

食べ物

言葉

人体

イベント・スポーツ

科学

自然・環境

ギモン

座布団の隅に房があるのはなぜ？

　座布団のルーツは、平安時代の敷物だった「茵（しとね）」だといわれています。中にまゆから取った綿が入っていた高級品で、使っていたのはおもに天皇や貴族、僧侶など地位の高い人たちでした。ただし、この時はまだ、房がついていません。江戸時代になると木綿の生産が盛んになり、綿入りの座布団が庶民にも広まりました。この時に四隅に房がつけられるようになったと考えられています。

　座布団の房の形は、ほうきがもとになっています。ほうきは塵（ちり）やほこりを払うものであることから、けがれや邪気を払うものの象徴として、座布団に取りつけられるようになったのです。江戸時代には、火事や地震、疫病などさまざまな災いが、庶民の生活をおびやかしていました。そこで、それらの災いから身を守るためのおまじないやゲン担ぎとして、身近な座布団に房をつけ、お守りにしていたのではないかと考えられています。

　また、房には中の綿を固定するという実用的な役割もあります。詰めた綿を房で縫いつけることにより、綿のかたよりや抜けを防いで型くずれしにくくなるという利点もあるのです。

答え

邪気を払うため

No. 065 ◉今日のテーマ　食べ物

温かい食べ物

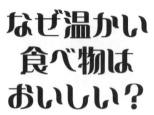

ギモン

なぜ温かい食べ物はおいしい？

　私たちが食べ物を「おいしい」と感じる時、味覚はもちろんのこと、嗅覚も大きな役割を果たしています。なかでも温かい食べ物を食べる時には、食べ物の香りを感じる嗅覚がより重要になるのです。

　私たちは、食べ物から空気中に発せられた小さな香り分子が、鼻の中にある嗅覚センサーに直接くっつくことで、その香りを感じています。舌にある味覚センサーの数はおよそ100万個ですが、嗅覚センサーはおよそ1000万個。つまり、私たちは味よりも香りに対して敏感だといえます。鼻が詰まった時に味を感じないのも、香りを感じていないからです。特に、外から鼻に届く香りよりも、口の中から鼻に抜ける香りのほうが、より大きな影響を与えています。

　さらに、香り分子の特徴として、温度が高い時のほうがより活発に動いて、よりたくさん空気中に出る、というものがあります。温かい食べ物ほど、よりたくさんの香りが私たちの鼻に届きやすくなるのです。このため、温かい食べ物のほうが、より強い刺激を脳に与えて、そのおいしさを強く感じさせてくれるのです。

答え

分子が活発に動くから

ギモン

なぜ「ん」から 始まる言葉はない？

暮らし・文化

食べ物

言葉

人体

イベント・スポーツ

科学

自然・環境

　現在、私たちの使う共通語には「ん」から始まる言葉がありません。そもそも奈良時代以前までは、「ん」という発音自体がなく、たとえば「本を読んでください」と言う場合、「本を読みてください」と言っていました。しかし、これは言いにくく、平安時代に入り、「読みて」→「読んて」→「読んで」と何度も繰り返されるうちに発音が変化します。この発音の変化のことを「撥音便」といい、「学びて」の「び」や「住みて」の「み」などが「て」につながる時に「ん」に変化。さらに「ん」は鼻にかかる発音のため、続く「て」は「で」にしたほうが発音しやすく「学んで」「死んで」「住んで」などに変わったのだと思われます。

　このように「ん」は言葉と言葉の間に入る接着剤として誕生したため、「ん」から始まる言葉はないのです。一部の地域では、馬を「んま」、梅を「んめ」と発音していましたが、「ん」という文字が生まれる前に「う」に置き換えられたので、「ん」から始まる言葉は自然に消滅しました。しかし、遠く離れた沖縄ではみそ（味噌）、むね（胸）等の「み」「む」が「ン」に変化したため、「ん」で始まる言葉があります。

答え

「言葉」と「言葉」の 間に入る 接着剤だから

おなか

ギモン

おなかがすくと鳴る あの音ってなに？

　おなかがすいた時に「ぐ〜っ」と音が鳴ることは、医学用語では「腹鳴（ふくめい）」と呼ばれています。食べ物が消化されて、胃の中が空っぽに近づくと、小腸からモチリンというホルモンの一種が分泌されます。次の食事が来る前に掃除をしようと、モチリンが胃にサインを送ると、胃の中に残った食べ物のカスなどは小腸へと押し出され、次の食事のために胃を空っぽにする動きが発生します。この時、強い力で押されて、胃と腸の間の細い部分を食べ物が通ると、「ぐ〜っ」と音が鳴るのです。

　おなかがすいた時以外にも、食事中や食後に胃腸の中で食べたものを消化する時、小さな音がしています。胃腸の長さの平均は、大人で8mほど。ここに食べカスなどが残っていると胃がもたれたり、小腸にガスがたまったりして、病気になる可能性があります。これを防ぐため、食べカスを外に出そうと胃腸は常に動いているのです。

答え

次の食事のために おなかを空っぽにする音

スローイン　No.068

ギモン

スローインを両手で投げるのはなぜ？

暮らし・文化

食べ物

言葉

人体

イベント・スポーツ

科学

自然・環境

サッカーのスローインは、両手でボールを持って、頭の後ろから投げるとルールで決められています。しかし、19世紀に最初にサッカーのルールができた時は、スローインの投げ方は自由でした。

サッカーの起源は、イングランドの「モブフットボール」という遊びが起源とされています。モブフットボールではチームの人数やグラウンドの大きさに決まりはなく、とにかくボールを奪い合っていました。

やがて、学校でフットボールを授業の一環として教えるためにルールが整備され、1863年にフットボール協会が発足してサッカーのルールが定められます。ですが、この時はまだスローインの投げ方は決められていませんでした。

スローインのルール制定のきっかけとなったのが、イングランドで活躍したウィリアム・ガン選手です。当時、クリケットの選手としても活躍していたガン選手は、サッカーボールを片手で50m以上も飛ばしたといいます。これにクレームが続出したため、スローインでの片手投げは禁止され、1883年に両手投げが正式なルールとなりました。

答え

クリケットの選手がめちゃめちゃ遠くに投げたから

紙の大きさ

紙の大きさに A と B があるのは なぜ?

ギモン

　明治初期に、機械化された近代製紙業が欧米から日本に導入されました。当初の原料はボロ布でしたが、その後、海外の新技術を取り入れ、木の繊維で紙をつくる工場が日本に誕生し、紙の大量生産が可能になりました。

　紙にはさまざまな大きさがありましたが、主に使われていたのは、雑誌などに使用される菊判と、小説などに使用される四六判でした。ところが、それらの大きさは明確に決まっていませんでした。

　そこで国が工業品の規格統一に動き出します。大蔵省印刷局印刷部長兼抄紙部長の矢野道也は、工業品規格統一調査会臨時委員を命ぜられ、紙の規格統一を担います。そして矢野は、ドイツの A 判が菊判に近い大きさであることを発見します。A 判には、何回半分にカットしても縦横の比率が変わらず、ムダがなく効率的であるというメリットもありました。その結果、A 判が採用されたのです。

　一方、日本人が慣れ親しんでいた四六判は A 判の大きさに合わなかったため、それに合わせた日本独自の B 判が生まれました。こうして A 判と B 判のふたつの規格が使われるようになったのです。

答え

**A だけだと
日本人にしっくり
こなかったから**

暮らし・文化
食べ物
言葉
人体
イベント・スポーツ
科学
自然・環境

ギモン

田んぼに水を張っているのはなぜ？

日本にあるほとんどの田んぼには、水が張られています。これは、水を張ると、大きく3つの"いいこと"があるからです。

ひとつは、稲を寒さから守れること。稲はもともと、熱帯生まれの作物で、寒さには強くありません。極端に気温が低くなると、寒さのダメージが稲を襲い、生育に悪影響が出ます。水は一度温まると冷めにくい性質があるため、気温が低くなっても水温をキープし、稲を守るのです。

次は、雑草が出にくくなること。田んぼに水を張っておくと、土の中に酸素が届かなくなるため、ほとんどの雑草が育たなくなります。しかし稲は茎が特殊な構造で、根に酸素を送り込めるので、水を張っておいても生きていけるのです。

最後は、栄養豊富な土になること。一般に、田んぼに張られる水は山から流れてくる川の水です。この水には窒素やリン酸、ミネラルなど肥料となる成分がたくさん含まれていて、この水を吸い込んだ土は栄養豊富となるわけです。日本には水を張らずに育てる陸稲もありますが、水を張るといいことばかりなので、ほとんどの場所で水稲を行っているのです。

答え

いいこと
ずくめだから

暮らし・文化
食べ物
言葉
人体
イベント・スポーツ
科学
自然・環境

●今日のテーマ 暮らし・文化
シンデレラ

暮らし・文化

食べ物

言葉

人体

イベント・スポーツ

科学

自然・環境

ギモン

シンデレラの靴が
ガラスなのはなぜ？

シンデレラの靴がガラスになったのは、フランスの童話作家のシャルル・ペローが、民話を聞き間違え、宮廷の人たちに伝えたからなのです。

シンデレラの物語の起源は古代エジプトにまでさかのぼり、その物語がヨーロッパに伝わると、イタリアでは木製の靴、ドイツでは金の靴など、それぞれの国の文化に合わせて語り継がれていきました。

シンデレラの靴がガラスになったのは、フランス語でベール（vair＝銀リスの毛皮）と、同じ発音のベール（verre＝ガラス）を、ペローが聞き間違えたからだといわれています。この説を最初に唱えたのは、フランスの文豪オノレ・ド・バルザックで、その後、この「聞き間違い説」が定説になっていきました。

しかし、宮廷に仕えていたペローは、ガラスで飾りつけられたベルサイユ宮殿の様子を見て、その美しさを十分知っていたので、ガラスの靴のほうがロマンチックで、はるかにインパクトがあると判断し、あえてシンデレラの靴をガラスにしたのではないか、という説もあります（※シンデレラの靴がガラスである理由については諸説あります）。

答え

作家が聞き間違えたから！？

ポテトチップス No.072

ギモン

ポテトチップスが薄いのはなぜ？

かつてはジャガイモのフライ料理といえば、厚切りのフライドポテトしかありませんでしたが、アメリカのニューヨーク州サラトガスプリングスにあるムーン・レイク・ハウスホテルで、1853年に薄切りのポテトチップスが誕生します。つくったのは、ホテルのレストランで働くジョージ・クラムというコックさんで、アメリカの新聞『ニューヨーク・ヘラルド』の記者が「アメリカ最高の料理人」と呼ぶほどの腕前の持ち主でした。

しかし、ある客がクラムのフライドポテトを食べて、「ポテトが分厚すぎてまずい」とクレームをつけたのです。このクレームに逆ギレしたクラムは、客を困らせてやろうと、フォークで刺して食べられないように、ポテトを極端に薄く切ってフライドポテトをつくりました。

すると、嫌がらせでつくった薄いフライドポテトを客が「うまい」と大絶賛。この薄いフライドポテトは、ホテルがある場所にちなんで「サラトガチップス」と呼ばれ、料理のつけ合わせとしてアメリカ国内で流行。やがてポテトチップスと名前を変えて、世界中に広まりました（※ポテトチップスの発祥については諸説あります）。

答え

料理にケチをつけられた
コックさんが
逆ギレしたから

●今日のテーマ　言葉
国宝

ギモン

「国宝」ってなに？

　国宝とは、文化財保護法によって国が指定した有形文化財の中でも、特に価値が高いもののこと。この国宝の制度が生まれたきっかけは、明治維新のさなか、1868（明治元）年に出された「神仏分離令」です。

　神仏分離令とは、神社から仏教の要素を取り除くという法令のこと。それまでの日本は、神社の神様を信仰する神道と、お寺の仏様を信仰する仏教が混在していましたが、明治維新をきっかけに、神道を重んじて仏教を排除する風潮が起きてしまいました。神社にある仏像を排除したり、寺の僧侶が神社の神主になることを勧めたりしたのです。ところが、政府が予想していなかったことが起こります。神仏分離令を拡大解釈して暴走し、お寺や仏像を壊す人々が現れたのです。そんな悲惨な状況の中、東京大学で哲学や政治学を教えていたアメリカ人の哲学者、アーネスト・フランシスコ・フェノロサは、日本の美術品は貴重な文化財であると訴え、日本美術の保護活動を進めます。この活動が礎となり、明治政府も破壊や流出から文化財を守るための法律が必要だと考え、1897（明治30）年に「古社寺保存法」を制定。国宝が誕生することとなったのです。

答え

明治維新の暴走を
止めた制度

ギモン

カレーの匂いを嗅ぐと カレーが食べたくなる のはなぜ？

　以前は、匂いに刺激されて食欲が湧くと考えられていましたが、最近では、脳が栄養のある食べ物を覚えていて、その時に体がほしがっている栄養の匂いを嗅ぎ分けている、ということがわかってきました。

　カレーはスパイスの匂いが特徴的です。漢方薬に使われることも多いスパイスには、胃の働きを活発にしたり、血行を促進したり、疲労を回復させたりする効果があります。さらに肉や野菜が入っていて、たんぱく質やビタミンも摂取できることから、脳はカレーを栄養のある食べ物だと記憶しているのです。そのため、カレーの匂いを嗅ぐと、脳が体に必要な栄養の匂いを嗅ぎ分けて、カレーを食べたいと思うのだとされています。特にカレーは栄養豊富な食べ物のため、多くの人が敏感に反応しやすいのだと考えられます。

答え

匂いを嗅ぐから
食べたいのではなく
食べたいから匂うのだ

No.075 ファン

なぜ誰かのファンになる？

ギモン

　誰かのファンになるのは、その人にハマればハマるほど「自分はこれでいいんだ！」と思えるからです。

　誰かのファンになる心理は「好きになるきっかけ」と「ハマる」という二段階に分けられます。まず好きになるきっかけには、歌や演技などの「パフォーマンス」と、外見や性格など、本人自身が持っている魅力である「キャラクター」のふたつがあります。「この人の歌や演技で感動した」というパフォーマンスが先になることもあれば、「見た目がタイプ」というキャラクターが先になることもあります。また、両方が複合的に作用してファンになるパターンもあります。

　次の「ハマる」に移るには「仲間」との交流が大切です。自分が好きなものを「好き」と言える場所は、安心できて居心地がよいもの。また、自分と同じような感覚の人がいることで「自分はこれでいいんだ」という心理も芽生えます。やがて、その人の生きざまに共感し、お手本にして頑張ることで、「自分を確立」することもできます。だから、人は誰かのファンになるのです。

答え

「自分はこれでいいんだ！」と思えるから

暮らし・文化

食べ物

言葉

人体

イベント・スポーツ

科学

自然・環境

暮らし・文化

食べ物

言葉

人体

イベント・スポーツ

科学

自然・環境

ギモン

液体が出るハンドソープと 泡が出るハンドソープ なにが違う？

　液体が出るハンドソープは、一度も使っていない状態の時はポンプに空気が入っているため、押すとノズルから空気が出ていきます。手を離すと注射器と同じような仕組みで石けん液がポンプに吸い上げられ、もう一度押すと石けん液が押し出される仕組みになっています。

　泡が出るハンドソープの容器も、基本的な構造は液体が出るハンドソープと同じですが、異なるのはノズルの内部に網が備えつけられている点です。ひとつの網目はおよそ 0.08mm と非常に細かく、吸い上げられた石けん液がこの網目を通ると、石けん液の膜がつくられます。泡が出るハンドソープの容器には、空気を取り込んで送り出す、空気室と呼ばれる場所があり、ポンプを押すと石けん液と空気が上がってきて膜が膨張。そして網目を離れると、小さなシャボン玉がつくられるように、きめ細かな泡となって出てくるのです。

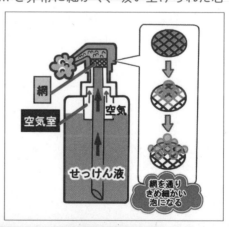

網

空気室

空気

せっけん液

網を通り
きめ細かい
泡になる

網がついているかどうか

答え

●今日のテーマ　自然・環境
たてがみ

ライオンのオスに たてがみが あるのはなぜ？

ギモン

　なぜオスのライオンにたてがみがあるのか、この謎は古くから論争になっていました。約150年前にチャールズ・ダーウィンが「急所である首やのど元を守るために発達したのでは」という説を提唱してからは、これが定説となっていました。しかし近年、ミネソタ大学の研究チームが行った実験では、ライオンたちは敵の背後に回り込んでお尻から攻撃することがわかり、この説に疑いがもたれるようになりました。たてがみが身を守るためのものならば、お尻に生えていないといけないことになります。

　そこで新たに支持されたのが「モテるため」という説です。ライオンは群れをつくって生活しますが、その中心はメスで、オスは3～4年で入れ替わっていきます。もとから群れにいたオスよりも強いオスが現れ、その強いオスがメスに気に入られた時、初めて群れの一員となれるのです。そのため、オスは大きさや自身の強さを表せるたてがみで「モテよう」としているのでは、というのが新説です。

　ちなみに、ミネソタ大学が行った研究によれば、同じたてがみでも、濃い色のほうがモテるといわれています。

答え

モテるため

ギモン

なぜオセロは白と黒？

暮らし・文化

食べ物

言葉

人体

イベント・スポーツ

科学

自然・環境

　オセロは、茨城県水戸市で育った長谷川五郎さんが開発しました。時は太平洋戦争が終わった1945（昭和20）年。終戦直後で焼け野原の中、当然学校にはおもちゃや遊具などはなく、当時中学1年生の長谷川さんが焼け残った囲碁の碁石で友達と遊べる方法を模索し考案したのが、碁石を碁石で挟むというゲーム。たとえば黒の碁石で白の碁石を挟んだら、白の碁石を黒の碁石に取り替えるというもので、これがオセロの原型です。

　その後、長谷川さんは命に関わる大病を患い、6年もの療養生活に入ります。なんとか一命を取り留めて、大学に入学。大手製薬会社に勤務しつつ弁護士を目指し勉強に励みましたが、今度は交通事故にあい、その後遺症で弁護士を諦めざるを得なくなります。その後、失意から立ち直った長谷川さんは、ある日営業先の病院で、患者さんの暇つぶしにと少年時代に遊んだゲームを牛乳瓶の蓋で手づくりして持ち込みます。これが病院内で好評を博し、長谷川さんはおもちゃメーカーに持ち込むことに。長谷川さんは全財産を使って帝国ホテルを借り、全日本オセロ選手権大会を開催。大反響となり、オセロは全国に発売されて世界的ヒットとなったのです。

答え

もともと碁石だったから

そば湯

ギモン

なぜそば湯を飲む？

　そば湯とは、そばをゆでたあとのゆで汁のことです。そば湯を飲む文化が生まれたのは、信濃（現在の長野県）だったとされています。

　江戸時代に出版された、そばの歴史について書かれた書物『蕎麦全書』には、当時、すでに信濃でそば湯を飲む文化があったと記載されており、この文化が江戸に伝わって、そば湯は全国に広まったと考えられています。

　そばは、そばの実を挽いてつくられますが、殻は硬くてアクが強く、消化しにくいものです。東京などではあらかじめ殻を取り除いたそばの実を挽いて、白いそば粉を使っていました。

　しかし、お米や小麦が十分にとれない地域も多く、食べ物を大切にしてきた信濃では、そばを食べる時もできるだけムダを出さない工夫をします。こうしてそばの実の甘皮や殻も挽いてつくられた黒っぽいそばは「田舎そば」と呼ばれました。黒い田舎そばは、白いそばよりもタンパク質を多く含むという優れた点もありますが、消化に時間がかかり、食べると胸やけを起こすこともあります。そのため、温かいそば湯を飲むことで消化を助け、おなかの調子を整えていたのです。

答え　　　昔の長野県は食べ物をとても大切にしたから

ギモン

急がば回れの回れってなに？

「急がば回れ」の言葉が生まれた舞台は、江戸時代の琵琶湖。「回れ」というのは「琵琶湖を回れ」ということでした。

京都誓願寺の僧侶、安楽庵策伝が語った話を集めた『醒睡笑』という笑話集には、こんなふうに書いてあります。「武士の やばせのわたりちかくとも いそがばまわれ 瀬田の長はし」。これが、「急がば回れ」の原典だとされています。「やばせ」とは滋賀県草津市矢橋にある琵琶湖の船着き場のことで、「瀬田の長はし」とは、滋賀県大津市にある瀬田の唐橋を指しています。

当時、江戸から京都に行くには、瀬田の唐橋を渡って琵琶湖を回る陸路のほかに、矢橋の船着き場から船で琵琶湖を渡る水路がありました。「急がば回れ」とは、もとは「急いでいるからといって矢橋からの船に乗ろうとすれば、琵琶湖は荒れやすいため、危険が伴ううえ、かえって時間がかかることがある。遠回りでも陸路で行ったほうが、より安全で早く目的地に着くものだ」という助言なのです。

矢橋の船着き場

東海道・中山道

瀬田の唐橋

地理院地図

琵琶湖を回れ

答え

ウソ

暮らし・文化

食べ物

言葉

人体

イベント・スポーツ

科学

自然・環境

ギモン

なぜ人はウソを
つくようになる？

　人は、早くは2歳半〜3歳ごろからウソをつき始めるようになりますが、この時期のウソは事実を否定するだけです。ところが4歳〜5歳ごろには、相手に事実とは違うことを信じさせるために、話す相手によって伝えるべき情報を変えるなど「意図的なウソ」がつけるようになります。

　これには「心の理論」の発達が関係しています。心の理論とは「自分と他人の心の中は違うもので、人はそれぞれの気持ちや考えによって行動するのだ」と理解することです。さまざまな経験をして言葉を覚えていく過程で、特に4歳〜5歳ごろにこの心の理論が大きく発達していくといわれています。

　また、ウソをつけるようになる理由には、心の理論のほかにも、「記憶力」「言わないようにガマンする力」が発達することが関係しています。

答え **自分と他人の心の中は違うとわかるようになるから**

ギモン

ダーツの「まと」ってなに？

暮らし・文化

食べ物

言葉

人体

イベント・スポーツ

科学

自然・環境

　ダーツは15世紀のイギリスで生まれました。内乱のさなか、イギリスの兵士たちは自由時間を楽しむため、手持ちの武器を使ったゲームを考案します。それが、弓矢の矢を空になったぶどう酒の樽の底に投げて、腕を競うというものでした。矢を真ん中に近い位置に刺せた人が勝ちという単純な遊びは、兵士たちの間で大流行。しかし、戦争が続くと、樽がなかなか手に入らなくなります。そこで樽の代用品として、切り倒した大木を厚めに切って「まと」をつくったところ、手に入れやすく、また持ち運びにも便利で、ゲームの人気がさらに高まりました。加えて、年輪を目盛りとして得点をつけるようになり、ゲームはより面白くなっていったのです。

　やがて戦争が終わると、このゲームは一般庶民にも浸透していきますが、丸太の年輪は木によって異なるため、得点ルールがバラバラでした。そんな中、イギリスのブライアン・ガムリンという人が、現在につながる点数配置を新たに考え出しました。彼の考案した、大きな数字と小さな数字が交互に並ぶ配置は、ダーツを少し外れるだけで大きく結果が変わる、緊張感のあるゲームへと生まれ変わらせたのです。

答え

木の年輪

●今日のテーマ　科学
クレーン

ギモン

ビル建設現場のクレーンがずっとテッペンに居続けられるのはなぜ？

暮らし・文化

食べ物

言葉

人体

イベント・スポーツ

科学

自然・環境

　高いビルをつくる時は、必要な資材や機械などを地上から持ち上げるタワークレーンを最初に組み立て、そこからクレーンの周囲を避けるように建物を上に伸ばしていきます。クレーンが作業できる高さ30〜40m（およそ7階分※ビルの構造によって異なります）まで建設したら、クレーン本体を最上階に固定。固定したら、今度はクレーンの土台を引っ張り上げます。土台が最上階のひとつ下のフロアまで到達したら、そのフロアに土台を固定。たとえばクレーン本体が7階に到達していたら、土台は6階に固定されます。そうすると、6階分上昇したことで、クレーンはさらに上の階がつくれるようになります。

　このように、クレーンはつくっては上がるということを繰り返すことで、どんなに高い建物でもずっとテッペンに居続けられるのです。これを「フロアクライミング方式」と呼びます。これに対して、ビルの側面で足場となるマストを継ぎ足しながら登っていく「マストクライミング方式」もあります。

①30m〜40m
まで建設する

②本体を
最上階に固定
③土台を引き上げる

土台

固定

土台が上昇

答え

クレーンが自分で
よじ登っていくから

海水浴　No.084

ギモン

夏に海水浴に行くのはなぜ？

暮らし・文化

食べ物

言葉

人体

イベント・スポーツ

科学

自然・環境

　夏に海水浴に行く習慣を広めたのは、江戸時代末から明治時代にかけて活躍した軍医・松本順（良順）です。松本は、人々が病気にならないようにいろいろな健康法を考えました。そのひとつが、海水浴だったのです。海水浴は18世紀ごろのヨーロッパで知られていた健康法でしたが、日本でも多くの医師たちが健康法として勧めるようになりました。松本は、町の人の協力を得て、1885（明治18）年に神奈川県の大磯に海水浴場を開き、その翌年には海水浴のガイドとなる『海水浴法概説』を出版。しかし、交通の便がよくなかったこともあって、なかなか広まりませんでした。

　そんな折、東京―京都間に東海道ルートの鉄道が敷かれることになります。これを知った松本は、初代内閣総理大臣の伊藤博文に直談判。その甲斐あって大磯に新駅がつくられました。これをきっかけに大磯の海水浴場が人気になると、海水浴が夏のレジャーとして全国に広まっていったのです。同じころ、ほかにも西洋医学を学んだ医師たちによって、兵庫・愛知・三重などにも海水浴場がつくられましたが、最初に「海水浴場」と名づけたのは松本だったということです。

答え

じゅんさんが頑張ったから

●今日のテーマ　暮らし・文化
ワイシャツ

暮らし・文化
食べ物
言葉
人体
イベント・スポーツ
科学
自然・環境

ワイシャツの裾の前後が長いのはなぜ？

ギモン

　ワイシャツはもともと上半身の下着としてだけでなく、下半身の下着、つまりパンツの代わりとしても着られていました。

　ワイシャツの起源は、古代ローマ時代に着られていた「チュニック」といわれています。14〜15世紀以降、これが「シュミーズ」へと変化。その後、上流階級が着るシュミーズには襟がつき、現代のワイシャツの形へと近づいていきました。

　19世紀ごろ、貴族や上流階級が着るフォーマルウエアは、タイトな長ズボンが主流になりますが、当時の下着は股引のように生地が厚手でかさばるため、フォーマルウエアを着用する時はパンツをはかない人も多かったようです。そこでパンツの代わりとなったのがワイシャツの裾でした。パンツとして着やすくするため、前後の裾の特に後ろを長くしたのです。

　1930年代、薄くてはき心地のいい「ブリーフ」が下着の定番になると、ワイシャツの裾を長くする必要がなくなり、1940〜50年代には今の長さに落ち着きました。現在でもある程度の長さが保たれているのは、動いても裾がはみ出さないようにするためです。

答え

パンツの名残

ギモン

ビールのおつまみに枝豆が定番になったのはなぜ？

　枝豆がビールのおつまみの定番になったのは、昭和30年代後半からお米がたくさんとれるようになり、将来の米余り対策として、代わりに枝豆をつくる農家が増えたためです。

　枝豆がビールのおつまみとして登場したのは、1934（昭和9）年に開業した銀座7丁目のビヤホールで、夏限定の特別メニューである冷やしおでんの添え物でした。当時のビールはビヤホールや高級店で飲まれる贅沢品でなじみが薄かったのに対し、枝豆は田んぼのあぜ道で栽培される大衆品で夏だけしか収穫されないため、流通量も多くありませんでした。

　昭和30年代、高度経済成長期に入って家庭に電気冷蔵庫が普及し、ビールが広く飲まれる時代になります。30年代後半になるとお米の生産量が消費量に追いついてきたので、国がお米の代わりとなる作物に切り替える作付け転換を促しました。そこで脚光を浴びたのが、もともと田んぼの空いたスペースなどで栽培されていた枝豆だったのです。

　つまり、ビールが大衆化した時期と枝豆がつくられるようになった時期が重なって、枝豆がビールのおつまみとして定着していったのです。

答え

お米がたくさんとれたから

様ってなに？

ギモン

暮らし・文化／食べ物／言葉／人体／イベント・スポーツ／科学／自然・環境

「様」は奈良時代以前から「状態」を表す言葉でしたが、平安時代中ごろの『枕草子』に「雨がよこさま（横のほう）に降る」という表現があるように、方向や場所を示す言葉について「〜のほう」という意味になりました。当時は目上の人を呼ぶ時、奈良時代以前から「屋敷」を表す言葉だった「殿」をつけるのが一般的でした。偉い人を名前で呼ぶことは失礼にあたり、その人が住んでいる屋敷で呼んだからです。たとえば、源頼朝は「鎌倉の屋敷に住む人」という意味で「鎌倉殿」と呼ばれました。

しかし室町時代以降、丁寧になるからと「殿」がいろいろな言葉につくようになると、その価値が下がってしまいます。そこで差別化のため地名につけられていた「様」が「殿」の代わりに使われ始めたのです。

目上の人に「殿」を使う習慣も残り、明治時代になっても「殿」と「様」の使い方が混乱していましたが、1952（昭和27）年に文部省が発表した「これからの敬語」という文章で「公用文の『殿』も『様』に統一されることが望ましい」と提案されると、これが広く受け入れられ、「様」が目上の人を呼ぶ時の一番丁寧な呼び方として定着したのです。

答え

の ほう

ギモン

人間だけが絵を描けるのはなぜ？

　人間は自分が表現したいものを具象的に描くことができます。一方、チンパンジーやオランウータンなども絵を描くことはできますが、基本的にはなにを描いているのかわからない殴り書きです。

　絵を描く能力には、言葉が深く関わっていることがわかってきました。人間は言葉を覚える時に、触った感触やなにをして自分がどう感じたかなどの自分の経験をもとに、色や形、匂いといった特徴を整理して、そのものの名前と結びつけています。そして、目の前にないものを描こうとする時は、そのものの名前から、言葉で整理した特徴を思い出し、頭の中にイメージをつくることで、絵を描けるのです。この能力が備わっているのは人間だけだといわれています。

　また、人間は成長すると、ものの特徴を説明する「言葉＝知識」が増えていきます。すると、頭の中のイメージがよりはっきりして、より細かい絵が描けるようになるのです。

暮らし・文化
食べ物
言葉
人体
イベント・スポーツ
科学
自然・環境

答え

人間だけが言葉を使うから

●今日のテーマ　イベント・スポーツ
駅伝

ギモン

駅伝って
そもそもなに？

　1917（大正6）年、明治維新によって明治天皇が京都から東京へ住まいを移してから50周年を祝う「東京奠都五十年奉祝博覧会」が開催されました。駅伝の始まりは、この博覧会を盛り上げるために行われた読売新聞社主催の「東海道駅伝徒歩競走」です。これを企画したのは、読売新聞社 社会部の土岐善麿と大村幹です。当時、大手新聞社は宣伝を兼ねた野球大会や水泳大会を開催し、発行部数が30万部ほどでしたが、読売新聞はその10分の1の約3万部と経営危機に陥っていました。そこで土岐と大村は、江戸時代に京都から東京までを3日ほどで走った飛脚からヒントを得て、「マラソンリレー」の開催を提案します。

　父親が読売新聞社の創業者のひとりだった、当時の外務大臣・本野一郎の後押しもあって、開催が決定。当初、マラソンリレーと呼ばれていたこの競技は、大日本体育協会 副会長の武田千代三郎によって、「宿駅伝馬制」から「駅伝」と名づけられます。そして、京都三条大橋からスタートして上野不忍池をゴールとした全23区516kmのコース、日本最初の駅伝が開かれたのでした。

答え

**新聞記者が経営危機を
救うために開いた
ハチャメチャなイベント**

暮らし・文化

食べ物

言葉

人体

イベント・スポーツ

科学

自然・環境

ノイズキャンセリング

ギモン

なぜ ノイズキャンセリングは 騒音を消せる？

暮らし・文化

食べ物

言葉

人体

イベント・スポーツ

科学

自然・環境

音が聞こえるのは、音の発生（音源）により周辺の空気が振動して生まれる波が耳に伝わるからです。ノイズキャンセリングは、この音の波と「真逆」の音の波をもとの騒音にぶつけて打ち消すものです。

音の波はプラスとマイナスを行き来しています。もとの音の波とプラスとマイナスの位置をひっくり返したのが「真逆」の音で、専門的には「逆位相の音」と呼びます。プラスとマイナスの位置が逆なだけで波の大きさは変わらないため、逆位相の音だけを聞いても、もとの音とまったく同じ音に聞こえます。しかし、もとの音と逆位相の音を同時に鳴らすと、音のプラスとマイナスが打ち消し合って、なにも聞こえない状態になるのです。

ノイズキャンセリングが搭載されたイヤホンは、イヤホンについたマイクで周囲の騒音を収録し、真逆の音をつくります。この真逆の音が騒音と同時に耳に入るようにすることで、聞きたい音楽には影響なく騒音だけを打ち消すことができるのです（※パッシブ・ノイズキャンセリングという、物理的に遮音する方法もあります）。

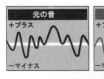

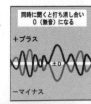

真逆の音を ぶつけているから

答え

●今日のテーマ　自然・環境
金魚

暮らし・文化
食べ物
言葉
人体
イベント・スポーツ
科学
自然・環境

ギモン

なぜ赤いのに金魚という？

　金魚が誕生したのは、今から約1700年前、中国の晋の時代といわれています。このころからすでに「金魚」と呼ばれていましたが、昔の金魚は今ほど赤くはなかったそうです。

　金魚の祖先はフナ。突然変異で色がオレンジっぽくなったヒブナが金魚のルーツとされています。このヒブナの鱗がキラキラと金属のように光って見えたことから、金属の色という意味で金の字をあて「金魚」と呼ばれるようになったと考えられています。また、別の説として、もともと金魚は非常に高級だったため「金（ゴールド）のように貴重で高価な魚」という意味で、その名がつけられたともいわれています。

　ちなみに、金魚が日本に入ってきたのは室町時代の1502年、現在の大阪府堺市に伝わったとされています。当初は貴族や大名などの富裕層の人々に愛されていましたが、江戸時代になると養殖・大量生産の技術が発達して町でも売られ始め、一気に庶民の間にも広まります。江戸時代後期には空前の金魚ブームが到来し、ペットとして飼う文化が定着しました。

答え

金属みたいだから

●今日のテーマ　暮らし・文化
家紋　No.092

暮らし・文化

食べ物

言葉

人体

イベント・スポーツ

科学

自然・環境

ギモン

家紋はなんのためにある？

　平安時代、道で他人に会った時に自分より偉い人に道を譲るための礼儀作法「路頭礼（ろとうれい）」が貴族の間で広まっていました。しかし、貴族が乗る牛車（ぎっしゃ）には御簾（みす）というすだれがかかっていて、誰が乗っているのかわからなかったため、相手が自分より偉いのか一目では判断できませんでした。そこで牛車に独自の紋章をつけて、誰が乗っているか、わかるようにしたのです。

　鎌倉時代には、戦場や陣地に家紋がついた旗や幕があると敵味方を区別できるうえ、誰が活躍しているかも一目でわかるので、アピールのひとつとして、武士が家紋を持つようになりました。

　そして江戸時代になって戦がなくなると、家紋はさまざまな階級の武士が集まる儀礼の場で重宝されるようになります。武士同士の礼儀作法は非常に複雑で、礼儀を間違えると出世に関わるため、家紋でその身分や作法を判断していたのです。また、名字を持たない者でも家紋を持つことはできたので、家紋文化は庶民の間にも広まっていきました。

答え　自分より偉い人に道を譲るため

パン屋さんがセルフサービスなのはなぜ？

　昭和40年代、老舗ベーカリー創業者の高木夫妻は、日本の食卓にパンのある暮らしを根づかせようと奮闘していました。その中で、購入した西洋式の建物を、パンの文化を発信するベーカリーとすることに。新店舗で使うことにしたのは、イタリアのローマで見た、立派なショーケースでした。これを船便でローマから広島まで送ると、夫婦は建物の柱を取り除き、大通りから見える位置に置こうとしましたが、なんとこの柱は取り去ることができず、せっかくのショーケースが設置できないと判明しました。発想を変え、なにか別の方法はないかと悩む中、メキシコのとある洋菓子工場の棚の写真から着想を得ます。木の棚にパンを並べてこれを大通りから見えるように置き、このまま売り場にしてしまおうと考えました。

　こうして新店舗がオープンすると、パンを自分で取るという斬新な体験にお客さんたちは夢中になります。その楽しさからついパンを取りすぎてしまうお客さんも多く、話題になりました。この成功をきっかけとして、日本中のパン屋さんにパンのセルフサービスは広まっていったのです。

答え ローマから取り寄せたショーケースが大きすぎたから

暮らし・文化　食べ物　言葉　人体　イベント・スポーツ　科学　自然・環境

●今日のテーマ　言葉

大西洋と太平洋

ギモン

大西洋は「大」なのに太平洋は「太」なのはなぜ？

暮らし・文化

食べ物

言葉

人体

イベント・スポーツ

科学

自然・環境

　大西洋と太平洋は、どちらもヨーロッパでの呼び方が中国で訳され、それが日本に伝わった言葉ですが、その成り立ちはまったく違います。

　大西洋は英語で「Atlantic Ocean」、直訳すると「アトラス（神話上の巨人）の海」と呼びますが、中国では「巨人海」とは訳さず、「中国から見て"西"にある"大"きな"海"」ということから「大西洋」と名づけられました。一方、太平洋は英語で「Pacific Ocean」といい、直訳すると「穏やかな海」となります。「太」には穏やか、平安という意味があるため、そのまま訳した「太平の海＝太平洋」となったのです。

　この「穏やかな海」の名をつけたのは、スペインの探検家、マゼランです。マゼランは1519年、香辛料を求めてスペインを出発、世界で初めて地球一周を成し遂げましたが、大西洋を南に進んだマゼランは、南米大陸の南端のマゼラン海峡を通った時、激しい悪天候に見舞われました。

　ところが、太平洋に入ると、一度も嵐にあわなかったのです。このことから、マゼランはその海を「穏やかな海」という意味の「マーレ・パシフィクム」と名づけたのです。

答え

マゼランが嵐にあわなかったから

●今日のテーマ　人体
だっこ

ギモン

赤ちゃんをだっこして歩くと泣きやむのはなぜ?

暮らし・文化

食べ物

言葉

人体

イベント・スポーツ

科学

自然・環境

　現在のように文明が発達する前、私たちの祖先はきびしい自然環境の中で、常に危険と隣り合わせで生活していました。

　たとえば、猛獣などの敵が向かってきたら、パパとママは赤ちゃんをだっこしてすぐに逃げなければなりません。そんな時に赤ちゃんが泣いて暴れていたら、泣き声で敵に見つかりやすくなってしまいますし、パパ・ママは走りにくく逃げ遅れてしまう可能性があります。そのため、まだ自力で歩いたりすることのできない赤ちゃんは、自分と自分を運んでくれるパパ・ママの命を守るために本能的に、だっこされて歩くと泣きやんでおとなしくなるのです。

　また、だっこして歩くと赤ちゃんは心拍数が下がってリラックス状態になります。この反応は「輸送反応」と呼ばれ、哺乳類の赤ちゃん全般に備わっています。つまり自分を運んでくれるパパ・ママに協力している反応と考えられます。

答え

自分とパパ・ママの命を守るため

ギモン

初詣に行くように
なったのはなぜ？

暮らし・文化

食べ物

言葉

人体

イベント・スポーツ

科学

自然・環境

　1872（明治5）年、新橋―横浜間に日本初の鉄道が開通すると、川崎停車場（現・川崎駅）に人気が集まりました。同停車場から約3km離れたところにある「川崎大師」にお参りに行くことが流行したためです。

　これに目をつけた京急電鉄の創業者・立川勇次郎は、1899（明治32）年、六郷橋―川崎大師を結ぶ約2kmの鉄道「大師電気鉄道（のちの京浜急行電鉄）」を開業。京急電鉄は利用客で賑わいました。さらに、政府が運営する官設鉄道の路線に並行するかたちで、品川―神奈川間の路線を開業しますが、官設鉄道との間で熾烈（しれつ）な乗客の奪い合いが勃発します。

　京急電鉄は乗客を増やすため、「初詣（はつまいり）は川崎大師」と大々的に宣伝しました。すると、当時の人々にとって特別なイベントだった、鉄道に乗ることができるうえ、ご利益にも授かれるとして、この戦略は成功を収めます。こうして、三が日に初詣に行くという習慣が定着したのです（※明治6年に休日が定められ、三が日が休日になったことも、初詣に行く人が増えた要因のひとつといわれています）。

答え

京急電鉄の
戦略

ギモン

なぜタテ型と ドラム型の 洗濯機がある?

　石けんや洗剤の主成分である界面活性剤は、水だけでは入り込めない繊維の内部まで入り込み、汚れを包み込んで浮かせることができます。この浮かせた汚れを、どうやって洗濯物からきれいにはがすかについて、人類は約4000年前から、知恵を絞って悩み続けてきました。このはがす方法には、大きく分けて「こする」と「たたく」のふた通りがあります。

　「こする」の代表的なものは洗濯板で、この原理を活用したのが、タテ型洗濯機です。底についた「パルセーター」が回ることにより、衣類がパルセーターや衣類同士でこすれ合って、汚れをはがしているのです。

　一方、ドラム型洗濯機は「たたく」原理を利用しています。ドラム型洗濯機は少ない水を流しつつ、一定時間同じ方向に回転を続けます。洗剤を染み込ませた衣類を、回転で一度上に持ち上げてから下に落とすことで、汚れをはがしているのです。タテ型の洗濯機は使用する水の量が多いのが特徴で、日本は水資源が豊富だったため、タテ型が普及。一方、雨が少ない地中海などでは少ない水で洗えるドラム型が広まりました。

答え

人類4000年の悩み こするか…たたくか…

竹に節がいっぱいあるのはなぜ？

暮らし・文化

食べ物

言葉

人体

イベント・スポーツ

科学

自然・環境

　ほとんどの樹木の場合、細胞が分裂して成長の起点となる「成長点」は、枝や茎の先端にしかありません。それに対して、竹の成長点は節ごとにあり、それらが一斉に成長するため、めちゃめちゃ早く成長するのです。ちなみに、タケノコを縦に切ると、柔らかいヒダが見えます。このヒダが成長すると硬い節になります。1本の竹には平均60個の節があり、それ

ぞれの節が1日におよそ2〜3mm、場所によっては1cm以上大きくなります。そのため、たった2か月ほどで高さ10mほどに成長するのです。

　なぜ竹はそんなに早く成長する必要があるかというと、皮をむいたタケノコは非常に柔らかく、タケノコの状態では動物にすぐに食べられてしまいます。それを防ぐため、早く成長して硬い竹になる必要があるのです。

成長点

めちゃめちゃ早く
成長するため

答え

●今日のテーマ　暮らし・文化
掃除

暮らし・文化

食べ物

言葉

人体

イベント・スポーツ

科学

自然・環境

ギモン

学校で教室の掃除をするのはなぜ？

　日本の学校で掃除が始まったとされているのは、室町時代。当時の学校といえばお寺でした。お寺では読み書きのほかに、仏教のお経を通して人の道を説く、現在の道徳のような内容も教えていました。そのお経に登場するのが、お釈迦様の弟子のひとり、チューラパンタカです。

　チューラパンタカは、究極の悟りを開いた、仏教修行者の最高位「阿羅漢（あらかん）」にたどり着いた人ですが、もともとは一文字覚えたら別の一文字を忘れてしまうぐらい、ダメダメな人でした。ある日、お寺を去ろうとしたチューラパンタカの前にお釈迦様が現れ、「塵（ちり）を払い、垢を除かん」と唱えながら、毎日お寺を掃除するように諭します。言われたとおりに掃除をし続けたチューラパンタカは、ある日、毎日掃除をしているのに、塵や垢がなくならないことに気づき、「どんなにきれいにしても、心に塵や垢は出てくるもの。だから毎日心を磨く必要があるのだ」と悟ったのです。

　この逸話から掃除が仏教の修行の一環になり、それが学校で掃除を取り入れるきっかけとなりました。なお、現在は「子どもたちが協力して生活していく」という教育目的で、学校の掃除が行われています。

答え

チューラパンタカみたいになってほしいから

暮らし・文化

食べ物

言葉

人体

イベント・スポーツ

科学

自然・環境

ギモン

寿司屋が「粉末状のお茶」なのはなぜ？

　お茶に含まれているカテキンは、お寿司を食べたあとに舌に残った魚の脂を洗い流してリセットする効果があります。また、カテキンには抗菌・消臭効果があるため、食中毒予防にも役立つのです。

　その中でもお寿司にピッタリなのが、粉末状のお茶。香りが強すぎず、味もあっさりとしていて、値段が安いのが特徴です。玉露などの旨味の多い高級なお茶（本茶）に比べ、甘みと渋みのバランスがとれていて、あっさりとしている粉末状のお茶のほうが、お寿司をよりおいしく感じられます。本茶はテアニンなどの旨味成分が多いがゆえに、お寿司の旨味とケンカしてしまうのです。また、甘み成分では玉露に対して粉末状のお茶はほぼゼロ。科学的にも粉末状のお茶がお寿司に合うとわかっています。

　そのため、おなじみの回転寿司はもちろん、高級寿司店でも、粉末状のお茶が使われているのです。

　ちなみに、粉末状のお茶の代表格である抹茶には甘さがあり、舌にも味が残るため、お寿司には合わないといわれています。

答え

お寿司を
おいしく食べて
もらいたいから

テーマ別索引

■ 暮らし・文化

■ 食べ物

■ 言葉

回答・解説監修者

相川 征四郎（内外ゴム株式会社 OB会会長）、朝日 真（文化服装学院 専任教授）、阿辻 哲次（京都大学 名誉教授）、飯田 朝子（中央大学 国際経営学部 教授）、飯間 浩明（国語辞典編纂者）、池田 修（京都橘大学 発達教育学部 教授）、石川 幹人（明治大学 情報コミュニケーション学部 教授）、泉 和也（造幣局 造幣博物館 元館長）、碓井 真史（新潟青陵大学大学院 臨床心理学研究科 教授）、宇田川 政喜（日仏料理協会 会長）、及川 義教（気象庁 大気海洋部気候情報課）、大栗 博司（カブリ数物連携宇宙研究機構 機構長）、大槻 信（京都大学大学院 文学研究科 教授）、大村 菜美（広島大学 脳・こころ・感性科学研究センター 研究員）、大矢 勝（横浜国立大学 名誉教授）、岡部 昌幸（帝京大学 文学部 教授）、岡本 信明（横浜美術大学 学長）、小木曽 智信（国立国語研究所 教授）、小和田 哲男（静岡大学 名誉教授）、片山 虎之介（日本蕎麦保存会 会長）、株本 訓久（武庫川女子大学 社会情報学部 准教授 日本天文学史）、上地 由朗（東京農業大学 農学部 教授）、狩俣 繁久（琉球大学 名誉教授）、川村 康文（東京理科大学 理学部 教授）、清川 秀樹（老舗ベーカリー 広報室長＊番組放送当時）、桐村 里紗（東京大学大学院 共同研究員）、釘貫 亨（名古屋大学 名誉教授）、熊倉 浩靖（高崎商科大学 特任教授）、黒﨑 暁（トイレットペーパー製造会社 社長）、黒澤 一（東北大学 教授）、畔柳 昭雄（日本大学 理工学部海洋建築工学科 名誉教授）、小池 安比古（東京農業大学 農学部 教授）、小城 英子（聖心女子大学 現代教養学部 人間関係学科 教授）、後藤 健生（サッカージャーナリスト）、小林 朋道（公立鳥取環境大学 環境学部 教授）、小林 美和（日本ダーツ協会 常務理事 A級指導員）、齋藤 亜矢（京都芸術大学 文明哲学研究所 教授）、坂井 貴文（埼玉大学 学長）、坂田 謙司（立命館大学 産業社会学部 教授）、佐滝 剛弘（城西国際大学 観光学部 教授）、佐野 慎輔（笹川スポーツ財団 理事／尚美学園大学 教授）、島 弘幸（山梨大学 生命環境学部 教授）、下村 育世（日本学術振興会 特別研究員）、白井 秀隆（株式会社湖池屋）、新谷 尚紀（国立歴史民俗博物館 名誉教授）、杉谷 龍一（東京鉛筆組合昭午会 理事）、鈴木 勇一郎（川崎市市民ミュージアム 学芸員）、鈴村 裕輔（名城大学 外国語学部 准教授）、関根 健一（大東文化大学 非常勤講師）、高木 久史（大阪経済大学 経済学部 教授）、髙澤 等（日本家紋研究会 会長）、田村 一博（ラグビー雑誌 編集長）、戸梶 亜紀彦（東洋大学 社会学部 教授）、斗鬼 正一（江戸川大学 名誉教授）、友岡 賛（慶應義塾大学 商学部 教授）、中澤 弥子（長野県立大学 教授）、永田 亮一（総合容器メーカー）、中牧 弘允（日本カレンダー暦文化振興協会 理事長）、中村 順行（静岡県立大学 茶学総合研究センター長）、永山 久

夫（食文化史研究家）、西浦 敬信（立命館大学 情報理工学部 教授）、西川 敏秋（和歌山県交通安全協会 専務理事）、西村 博之（紙の博物館 学芸部長）、饒村 曜（気象予報士）、端田 晶（作家／ビール文化研究家）、橋場 利雄（自然番組 ディレクター）、橋本 治朗（ランニング雑誌出版社 元社長）、長谷川 武（オセロ開発者の長男）、浜本 隆志（関西大学 名誉教授）、林 創（神戸大学大学院 人間発達環境学研究科 教授）、原 昌宏（株式会社デンソーウェーブ 主席技師）、方 載希（建設会社 運営管理部揚重機械課）、東田 大志（パズル学研究者）、東四柳 祥子（梅花女子大学 教授）、樋口 桂（文京学院大学 解剖学 教授）、平野 多恵（成蹊大学 文学部 教授）、古本 強（龍谷大学 農学部 教授）、堀内 俊治（株式会社KDDI総合研究所 先端技術研究所 XR部門シニアエキスパート 博士）、本郷 和人（東京大学 史料編纂所 教授）、本田 晃久（株式会社タニタ 技術開発担当）、松本 芳明（大阪学院大学 教授）、皆川 泰代（慶應義塾大学 教授）、宮澤 光（世界遺産アカデミー 主任研究員）、宮瀧 交二（大東文化大学 文学部 教授）、村木 瑞穂、谷口 秀昭（東京都水道局 浄水部浄水課）、村田 航志（福井大学 医学部 助教）、森下 昌市郎（日本自転車普及協会 学芸員）、森田 敏宏（医学博士／元東大病院 医師）、山本 宏樹（大東文化大学 文学部 准教授）、吉岡 一志（山口県立大学 国際文化学部文化創造学科 准教授）、吉原 良浩（理化学研究所 脳神経科学研究センター 副センター長）、米川 明彦（梅花女子大学 名誉教授）

※敬称略、五十音順

ブックデザイン●クマガイグラフィックス
キャラクターデザイン●オオシカケンイチ
制作協力●水高 満、糸瀬昭仁（NHK）
　　　　　稲毛重行、成川功修（NHKエンタープライズ）
　　　　　小松純也、中島由布子（共同テレビジョン）
編集協力●田中白矢、井上綾子、大井紗奈（NHKエンタープライズ）
編集・構成●林 賢吾、山下孝子、谷津潮音、野口 聖（ファミリーマガジン）
執筆協力●菅原こころ、村沢 譲
本文イラスト●静華
DTP●ファミリーマガジン
企画・編集●九内俊彦、矢冨知子

答えられないと叱られる!?
チコちゃんのもっと素朴なギモン

2024年1月5日　第1刷発行

監　修　　ＮＨＫ「チコちゃんに叱られる！」制作班
発行人　　蓮見清一

発行所　　株式会社宝島社
　　　　　〒102-8388 東京都千代田区一番町25番地
　　　　　電話（営業）03-3234-4621
　　　　　電話（編集）03-3239-0646
　　　　　https://tkj.jp

印刷・製本　サンケイ総合印刷株式会社

ISBN 978-4-299-04959-9